BLOGS
corporativos

BLOGS
corporativos:
modismo ou tendência?

Carolina Frazon Terra

2ª edição
revista e atualizada

Difusão Editora

SENAC editora RIO

Copyright © 2008 Difusão Editora e Editora Senac Rio.
Todos os direitos reservados.

Proibida a reprodução, mesmo que parcial, por qualquer meio e processo, sem a prévia autorização escrita da Difusão Editora e da Editora Senac Rio.

ISBN	978-85-7808-123-2
Código	BLOGT3E2I1
Editoras	Michelle Fernandes Aranha e Elvira Cardoso
Gerente de produção	Genilda Ferreira Murta
Coordenação editorial	Gabriela Torres Zimmermann e Karine Fajardo
Assistente editorial	Leandro Tavares
Preparação e revisão	Olavo Avalone Filho (1ª edição), Cláudia Amorim (2ª edição) e Geisa Mathias de Oliveira (2ª edição)
Revisão e emendas	Priscila Flório Augusto
Projeto gráfico e capa	Isac Barrios
Editoração	Farol Editorial e Design

Dados Internacionais de Catalogação na Publicação (CIP)
(Câmara Brasileira do Livro, SP, Brasil)

Terra, Carolina Frazon
   Blogs corporativos : modismo ou tendência? / Carolina Frazon Terra.
2. ed. -- São Caetano do Sul, SP : Difusão Editora; Rio de Janeiro :
Senac Rio, 2012.

   Bibliografia.
   ISBN 978-85-7808-123-2

   1. Blogs (Internet) 2. Comunicação digital 3. Comunicação organizacional 4. Relações públicas I. Título.

12-02496 CDD-658.45

Índices para catálogo sistemático:
1. Blogs corporativos : Comunicação organizacional :
Administração de empresas 658.45

Impresso no Brasil em março de 2012

SISTEMA FECOMÉRCIO-RJ
SENAC RIO
Presidente do Conselho Regional: Orlando Diniz
Diretor do Senac Rio: Julio Pedro
Conselho Editorial: Julio Pedro, Eduardo Diniz, Vania Carvalho, Wilma Freitas, Manuel Vieira e Elvira Cardoso

Editora Senac Rio
Rua Marquês de Abrantes, 99/2º andar – Flamengo
CEP 22230-060 – Rio de Janeiro – RJ
comercial.editora@rj.senac.br – editora@rj.senac.br
www.rj.senac.br/editora

Difusão Editora
Rua José Paolone, 72 – Santa Paula – São Caetano do Sul – SP – CEP 09521-370
difusao@difusaoeditora.com.br – www.difusaoeditora.com.br
Fone/fax: (11) 4227-9400

Sobre a autora

Carolina Frazon Terra

é formada em Relações Públicas pela Universidade Estadual Paulista Júlio de Mesquita Filho (Unesp-Bauru) e especialista em Gestão Estratégica de Comunicação Organizacional e Relações Públicas, mestre e doutora em Interfaces Sociais da Comunicação, pela Escola de Comunicações e Artes da Universidade de São Paulo (ECA-USP). A autora iniciou sua carreira em Bauru, em empresas como Fiat e Associação Hospitalar de Bauru, atuou quatro anos e meio como relações-públicas da Vivo, tendo sido também coordenadora de Comunicação Corporativa do portal MercadoLivre e diretora de Mídias Sociais da agência Ideal. Atualmente, é consultora de Mídias Sociais e docente nos cursos de Relações Públicas e de Publicidade e Propaganda da Fundação Escola de Comércio Álvares Penteado (Fecap) e da pós-graduação de Gestão da Comunicação Digital (Digicorp) da ECA-USP, em São Paulo. Carolina Frazon Terra é editora do blog RPalavreando (http://rpalavreando.com.br).

Dedico este livro à minha família, cujo apoio incondicional é imprescindível na concretização de meus sonhos e projetos; aos meus amigos, que acreditam em meu potencial, apoiam minhas escolhas, me incentivam e proporcionam alegria inigualável; a meus alunos e mestres, razão de meu estímulo e meu amor à comunicação.

Sumário

Prefácio **11**

Agradecimentos **15**

Apresentação **17**

Introdução **19**

Capítulo 1 Conceitos fundamentais **21**

Capítulo 2 A era da participação **29**

Capítulo 3 Princípios comuns da comunicação digital **33**

Capítulo 4 Sua empresa está pronta para a comunicação na era digital? **49**

Capítulo 5 Estou na web, e agora? **63**

Capítulo 6 O que vem pela frente **71**

Capítulo 7 Blogs corporativos **75**

Capítulo 8 Considerações finais............................. **99**

Referências bibliográficas **103**

Prefácio

Tudo que aprendo está sujeito à imediata erosão. Tenho constantemente mudado de opinião e sofrido de uma liquidez mental atordoante. Quando fico on-line, não sei se estou trabalhando ou me entretendo. A cada dois anos, tudo que sei sobre o mundo muda radicalmente; o descasamento de competências é frenético.

"Os nossos japoneses são mais criativos que os outros" por muitos anos foi slogan de uma grande empresa de eletroeletrônicos, o qual perdeu o sentido diante do avanço das marcas coreanas. Nos últimos dias de 2011, em uma semana tive dez reuniões sobre assuntos intensos e muito recentes no universo dos negócios: Open Innovation, Story Telling, Buzz Marketing, Brand Content, Web 3.0, SEO/SEM, monitoramento de marca, ativos intangíveis, crises digitais e redes sociais. Muitas dessas reuniões têm correlação com o universo dos blogs. Mesmo com todo o avanço de outras redes sociais surgidas nos últimos anos e que atraíram a atenção dos usuários, o blog continua e continuará sendo uma rede social importante para dar legitimidade às novas tendências da Web 2.0.

Já resolvi muitas crises digitais graças ao blog corporativo. Narramos muitas histórias bacanas que se tornaram verdadeiros buzz marketing em virtude desse veículo; produzimos muitos conteúdos de marca que geraram alta visibilidade nos buscadores; promovemos muitas melhorias em nossos processos internos pela coragem de ter um blog corporativo sem censura e moderação; e, por fim, o ativo de marca se potencializou muito nos últimos anos em virtude desse importante veículo de comunicação corporativa incorporado à nossa estratégia de comunicação. Em 2004, começava o *boom* de redes sociais, o Orkut tomava corpo, os blogs eram as grandes vedetes e poucos profissionais se arriscavam a fazer prognósticos sobre a transformação da Web 2.0. No meio dessa confusão, a Tecnisa lançava um dos primeiros blogs corporativos do Brasil e buscava inspirações teóricas para defender, perante os acionistas, a importância de inserirmos a empresa no mundo 2.0.

Nessa época, conhecemos Carolina Terra, uma pioneira e obstinada estudiosa do tema "blogs corporativos", assunto inédito para a época. Seus primorosos textos nos inspiraram a seguir caminhos inovadores e a redobrar alguns cuidados que desconhecíamos na ocasião.

Carolina é uma autoridade nessa área, com títulos acadêmicos que a legitimam versar sobre o tema e vasta experiência no mundo digital, com manejo de todas as redes sociais que surgiram ao longo dos últimos anos, pós-*boom* dos blogs. Muitas dicas e recomendações da primeira edição deste livro continuam atuais. A autora escreve com a desenvoltura de quem conhece o assunto na teoria e na prática; o conteúdo proposto é muito original, exequível de aplicabilidade, e bastante pontual em alguns capítulos. Ao concluí-los, o leitor sentirá vontade de colocar em prática todas as valiosas dicas.

Esta obra, cuidadosamente estudada, capta muito bem as tendências digitais relacionadas ao universo das redes sociais. Os textos seguem uma sequência lógica, com destaque especial para os capítulos que discorrem sobre a inserção das empresas na web e os desafios futuros das organizações diante desse novo contexto digital. Para concluir, bons exemplos, nacionais e internacionais, fundamentam as ideias da autora sobre a decisão de incorporar ou não um blog corporativo. A mensagem final é a de que o sucesso pertence às empresas que melhor responderem ao inesperado.

Romeo Deon Busarello
Diretor de Marketing e Ambientes Digitais da Tecnisa
Professor dos cursos de MBA e Pós-graduação da Escola
Superior de Propaganda e Marketing (ESPM) e do Instituto
de Ensino e Pesquisa (Insper)

Agradecimentos

À professora doutora Sidinéia Gomes Freitas, que com seu ímpeto e alegria faz todos à sua volta sentirem paixão pelo que fazem.

Aos mestres da USP, por me brindarem com sabedoria, inteligência e obstinação.

À querida Cynthia, que além de "personal friend" é minha "crítica de carteirinha" (no bom sentido!).

À "equipe sensacional" que me inspira todos os dias.

Apresentação

Quando comecei a escrever este livro, preocupei-me em trazer à tona conceitos e práticas que tomavam conta do universo corporativo. Há algum tempo, a comunicação digital vem invadindo o dia a dia das empresas, modificando a maneira de se trabalhar e exigindo dos profissionais posturas inéditas e intimidade com ferramentas mediadas pela informática.

Em 2008, quando a primeira edição deste livro foi lançada, além do Orkut, os blogs representavam grande sucesso entre os usuários de internet. Depois, com o *boom* de algumas mídias sociais como Twitter, Facebook, Foursquare, Tumblr e tantas outras, os blogs foram reduzidos – ou melhor, compilados – para tais formatos. Hoje, mais do que modismos, as mídias sociais e suas características de participação, colaboração, bidirecionalidade, interação e coletividade são preferência dos internautas, sobretudo dos brasileiros, e firmaram-se como tendências na arte de se comunicar. As organizações que negligenciam tal cenário de exposição, visibilidade e coparticipação dos usuários estão fadadas ao rechaço ou a sofrer com boatos, ruídos e interferências em sua comunicação, originadas por esses mesmos usuários.

Nesse cenário de complexidade, novidade, altíssima velocidade e irreversibilidade, é fundamental que se entenda o funcionamento das ferramentas derivadas das tecnologias digitais, as quais facilitam tarefas cotidianas e, ao mesmo tempo, posicionam as empresas no cenário moderno/digital.

Este livro permite que você, leitor, compreenda o contexto ao qual está submetido (mundo digital, mídias digitais, redes sociais on-line, mídias sociais, Web 2.0) e também entenda como um blog corporativo pode ampliar o diálogo de uma organização com seu público, ao promover a comunicação e instaurar uma era de participação, colaboração e interferência nos negócios.

Ao pensar como Bill Gates, e considerar que a empresa está na velocidade do pensamento, é imprescindível conceber, planejar e ter aplicativos que permitam orquestrar a comunicação organizacional com agilidade, objetividade, segmentação e efetividade. Esta publicação pretende fazer tudo isso.

Bom proveito e boa leitura!

Sempre que quiser, estou à disposição para troca de ideias em meu blog RPalavreando (http://rpalavreando.com.br).

A autora

Introdução

As novas tecnologias da comunicação alteraram completamente a maneira de se fazer e consumir a informação. Quer seja leigo, quer seja especialista no assunto, você já foi afetado pelas ferramentas oriundas da era digital, as quais estão transformando sua maneira de se comunicar com o mundo e, num universo mais restrito, com os públicos relacionados à sua empresa e ao seu dia a dia.

A seguir, são apresentados os capítulos deste livro. Na leitura, será possível entender como agem tais instrumentos, além da importância e da necessidade de um blog corporativo.

No Capítulo 1 – **Conceitos fundamentais** –, são apresentadas definições sobre os termos que envolvem essa nova realidade digital, como blogs, Web 2.0, "mídia gerada pelo consumidor", entre outros.

A era da participação (Capítulo 2) mostra como os conteúdos gerados por usuários de internet, munidos de ferramentas de livre expressão, afetam as estratégias e a comunicação das organizações.

O Capítulo 3 – **Princípios comuns da comunicação digital** – introduz conceitos que comparam a comunicação digital à tradicional, extraindo elementos comuns para que o leitor entenda o funcionamento da comunicação nos dias atuais.

Sua empresa está pronta para a comunicação na era digital? Com essa questão, o Capítulo 4 aborda se as organizações podem se valer de instrumentos de comunicação que as expõem ao mundo via web e aponta limitações e oportunidades do ferramental digital.

Estou na web, e agora? Com base nessa pergunta, o Capítulo 5 ressalta a relevância de ser bidirecional na rede mundial de computadores, de se delinear uma estratégia de comunicação condizente com esse novo cenário de exposição e vulnerabilidade corporativa.

O que vem pela frente (Capítulo 6) pretende traçar as tendências da comunicação empresarial com seus públicos em virtude da linguagem mediada pelas mídias digitais.

Blogs corporativos, tema do Capítulo 7, apresenta os tipos de blogs empresariais e suas vantagens, além de destacar e comparar casos reais no Brasil e no exterior.

O Capítulo 8 – **Considerações finais** – busca elucidar dúvidas sobre o tema.

Essa é a mera fotografia da realidade. Com a velocidade e a evolução atual, faz-se urgente entender o impacto das mídias digitais e sociais no cotidiano do seu trabalho.

Capítulo 1

Conceitos fundamentais

O blog, hoje, é o melhor mecanismo mundial para a construção de relacionamentos (SCOBLE, apud GUIMARÃES, 2006d).

Pela primeira vez na história da informação, existe uma face humana nos negócios. "Blogar" permite que haja um diálogo de mão dupla em um fórum público, liderado por pessoas reais. Pela primeira vez, as relações públicas significam relações com o público (STEVE RUBEL, apud EDELMAN e INTELISEEK, 2005a, p.12).

Para melhor compreensão desta obra é necessário que se entendam alguns **conceitos-chave** que permearão a leitura.

Blogs – Weblog é palavra de origem inglesa composta pelos termos web (página da internet) e log (diário de bordo), mais conhecida como blog. Essa página vem com espaços para comentários (posts). Os blogs já têm *templates*[1]

---

[1] Templates são páginas prontas, autoexplicativas, que o usuário constrói e edita, conforme as opções oferecidas pelo site.

prontos, de modo que o usuário não precisa entender de tecnologia ou de linguagem de programação para montar seu próprio site. O usuário dessa página é o chamado "bloqueiro" (do inglês, *blogger*) e o universo em que se inserem essas páginas da internet já ganhou também um nome: a "blogosfera" (SILVA, 2005).

O termo weblog, segundo Orihuela (2005, p. 88), surgiu em 1997, quando Jorn Barger[2] identificou um website com base em conexões e com breves comentários, cronologicamente organizados (como se identifica, hoje, um weblog).

O *Dicionário de comunicação* (RABAÇA e BARBOSA, 2002) afirma que os blogs podem ter objetivos de entretenimento, profissionais, acadêmicos ou outros, e que funcionam como ferramentas de comunicação que dão suporte à interação de pequenos grupos por meio de um sistema simples e fácil de troca de mensagens, podendo ser utilizados por membros de uma família, uma empresa ou qualquer instituição (RABAÇA e BARBOSA, 2002, p. 74).

Pinto (2002, p. 13) acredita que os blogs trouxeram uma nova revolução dentro da revolução criada pela internet e a web multimídia: "(...) É provável que boa parte do sucesso do movimento dos blogs esteja justamente no resgate de ideias expressas por meio do texto, quebrando a maré da supervalorização do design da web comercial."

O blog é considerado um veículo opinativo, pois exprime pontos de vista de quem os redige. Como instrumento de comunicação, deve seguir a mesma linha dos demais veículos da empresa. Cada blog apresenta links para outros

---

2 Jorn Barger foi o primeiro a definir sua página pessoal como "weblog". Disponível em: http://www.robotwisdow.com/index.htm. Acesso em: 19 de maio de 2006.

diários, formando, assim, uma imensa rede de pessoas com ideias afins (PINTO, 2002, p. 15).

Para ter acesso ao blog não é necessário conhecer a linguagem HTML ou qualquer ferramenta mais técnica, o que representa vantagem em termos de acesso à comunicação, diferentemente da construção de um site ou outro elemento pertencente à web.

Segundo o Relatório Technorati[3] (apud SOARES, 2005), os países com mais blogs são: Estados Unidos, Japão, Coreia, China, França e Brasil.

Web 2.0 – Na enciclopédia on-line Wikipédia, o termo Web 2.0 refere-se à "segunda geração de serviços e aplicativos da web e aos recursos, tecnologias e conceitos que permitem maior grau de interatividade e colaboração na utilização da internet".

A Web 2.0 difere da primeira geração da internet principalmente pelo dinamismo das interfaces, em contraposição às páginas praticamente estáticas da Web 1.0. O'Reilly (2005) afirma que a Web 2.0 apresenta alguns padrões que permitem entender seu funcionamento: a cauda longa (fenômeno observado em empresas da web que faturam sobre produtos de nicho tanto ou mais que os tradicionais produtos de destaque. Como não há limitação de espaço físico para exibição de produtos, os mercados de nicho podem ser explorados da mesma forma como o mercado de massas ou o varejo convencional, com dados como fonte de valor (possibilidade de manter histórico do usuário e, com isso, facilitar navegação, preferências, informações); participação dos usuários (conteúdos gerados pelo consumidor); efeitos

---

3 Para saber mais, acesse www.technorati.com.

de rede (empresas que, por criarem uma rede imensa de relacionamentos e negociações, acabam se valendo de seu tamanho e escala, facilitam a entrada de novos membros e tornam a competição com outros players mais difícil); alguns direitos reservados (em contraposição a todos os direitos reservados e à proibição da reprodução); o beta perpétuo (melhoria, upgrade e atualização constantes); cooperação, não controle (construção e participação coletivas em oposição à censura dos meios tradicionais de comunicação); softwares conectados pela rede (sem necessidade de comprar programas a cada nova versão lançada). A web, nesse contexto, é uma plataforma sem fronteiras.

Comunicação bidirecional, simétrica ou de mão dupla – a definição mais elementar sobre comunicação é a derivada da origem da palavra *communicare*, do latim, que significa partilhar, repartir, trocar opiniões, associar, tornar comum. Portanto, por essência, a comunicação pressupõe troca, intercâmbio, duas mãos (ida e volta), exatamente o conceito de comunicação bidirecional adotado neste livro.

Mídia gerada pelo consumidor – são manifestações criadas e compartilhadas por e entre os consumidores/internautas. Acaba por gerar credibilidade, uma vez que foge à voz oficial das comunicações institucionais e influencia grandes grupos ligados por redes sociais de relacionamento. Compreendem opiniões, experiências, conselhos, comentários sobre produtos, marcas, empresas e serviços, usualmente informados por experiência pessoal. Está presente em listas de discussão on-line, fóruns, grupos de distribuição de notícias, tweets, comentários em sites de relacionamento e blogs.

Comunicação organizacional – pressupõe-se que esse conceito consista na administração das formas de relacionamento entre uma organização e seus públicos, com fins de equilíbrio de interesses e divulgação.

A comunicação organizacional digital exige a integração e ações coordenadas de áreas como tecnologia da informação, desenvolvimento e treinamento de pessoas, os diferentes negócios em seus níveis operacionais e a comunicação corporativa.

De acordo com Corrêa (2009b, p. 333), construir uma estratégia de comunicação digital resume-se a integrá-la ao plano global de comunicação organizacional: representar a cultura, os propósitos e os públicos nas ambiências digitais; estabelecer um processo comunicacional fundamentado em hipermedialidade, interatividade e multimedialidade; oferecer tudo isso por meio de um *grid* de sistemas e ferramentas específicos para o contexto digital.

Não se pode falar de comunicação digital nas organizações sem compreender e conhecer o plano estratégico de comunicação global. Reduzir a comunicação a um site institucional, perfis em redes sociais ou aos e-mails de comunicação interna é inadequado e simplista.

Como necessitam de agilidade nas comunicações com seus mais diversos públicos, as organizações estão enxergando na comunicação digital uma alternativa para se comunicarem. No entanto, vale reforçar que não se pode posicionar a comunicação digital sem uma visão de seu planejamento integrado e alinhado à estratégia global da organização.

Públicos – na conceituação lógica defendida por França (2004, p. 114), os públicos são definidos por critérios de relacionamento com a organização. Nesse sentido, o autor os divide em três categorias principais: essenciais, não essenciais e redes de interferência.

Os públicos essenciais estão subdivididos em constitutivos da organização e não constitutivos ou de sustentação, e são os que estão juridicamente relacionados à organização, e dos quais ela depende para sua constituição, manutenção de sua estrutura, sobrevivência e execução das atividades-fim.

Os não essenciais, que por sua vez dividem-se em redes de consultoria, divulgação e de prestação de serviços promocionais; redes de setores associativos organizados; redes setoriais sindicais e redes setoriais da comunidade, são representados por redes de interesse específico da organização. Definem-se pelo grau maior ou menor da participação nas atividades-meio, mantendo relações qualificadas nos níveis setoriais, associativos e comunitários. Não são ligados aos fatores produtivos, mas aos de prestação de serviços. Atuam externamente na promoção institucional e mercadológica da empresa ou intermediando relacionamentos políticos ou sociais. Os públicos de redes de interferência, que por sua vez se subdividem em rede da concorrência e rede de comunicação de massa, são representados por públicos especiais do cenário externo das organizações e por seu poder de liderança operacional ou representativa. Podem exercer fortes influências (positivas ou negativas) em relação ao mercado e à opinião pública, o que pode favorecer ou prejudicar a organização. França (op. cit., p. 39) afirma que chegamos ao momento do domínio da tecnologia, da informática, da rapidez da comunicação e da multiplicidade e de meios de transmissão que conduzem à "desmassificação" da mídia para torná-la segmentada, de modo que atinja públicos específicos, dirigidos, objetos da ação estratégica das relações públicas.

Na rede, a comunicação organizacional, de posse da análise do ambiente/cenário, deve identificar quais grupos são estratégicos e de interesse para direcionar ferramentas adequadas a seus perfis.

A relação com os públicos é considerada de suma importância, pois são eles que constroem a imagem corporativa e da marca, e a empresa depende deles para sobreviver. Formá-los, portanto, seja em que ambiente for – físico ou virtual – e tarefa do comunicador, uma vez que permite o estreitamento das relações entre as pessoas, aumenta a credibilidade entre as partes, além de contribuir para o clima de negócios e para o bom conceito da empresa no mercado.

Capítulo 2
A era da participação

As mídias geradas pelo consumidor e a influência que exercem nas organizações e no planejamento global de comunicação organizacional não podem ser negligenciadas pelas empresas na era da transparência e da participação do usuário-mídia.[4] Sendo assim, algumas ferramentas são como formas de relacionamento para os que desejam interagir com os "consumidores 2.0", e o blog corporativo é uma delas. Entretanto, quais estratégias são necessárias para se implementar um diário virtual organizacional? Quais elementos são indispensáveis?

Os blogs, como ferramentas inerentes à internet, apresentam-se como instrumentos de comunicação organizacional que atendem aos padrões de bidirecionalidade, instantaneidade e

---

4 Estamos na era da midiatização dos indivíduos com a possibilidade de usarmos mídias digitais como instrumentos de divulgação, exposição e expressão pessoais. Daí o termo usuário-mídia. Cada um de nós pode ser um canal de mídia: um produtor, criador, compositor, montador, apresentador, remixador ou somente um difusor dos próprios conteúdos.

que dispensam a intermediação. Por outro lado, são um ponto de vulnerabilidade das organizações, por expô-las ao mundo e estarem sujeitos aos ataques ou às benesses da internet.

Para entender como funcionam esses diários, blogs corporativos com alguma "quilometragem" foram pesquisados, buscando-se saber o que têm em comum, suas vantagens e desvantagens em comparação com outros instrumentos de comunicação e como funcionam no dia a dia.

A web se destaca como importante mídia na atual sociedade e, assim, faz-se necessário estudar de que maneira ela pode contribuir para o relacionamento das organizações (pública ou privada) com seus públicos.

A internet, em suas mais diversas formas (intranet, extranet, serviço de atendimento ao cliente virtual, sala de imprensa, sites de relacionamento, blog, chat, citando-se apenas algumas), é mais um instrumento para os gestores de comunicação. Entretanto, do mesmo modo como nos outros meios, sua linguagem e características requerem uma especialização profissional. Para se trabalhar com o meio virtual é preciso conhecer suas especificidades e adaptá-las às características do público-alvo.

O profissional de comunicação, diante desse cenário, deve saber trabalhar sob a forma multimídia tanto na captação quanto na apresentação e transmissão de dados. Ele transitará de forma simultânea entre todas as plataformas de informação, sejam estas impressas, eletrônicas ou on-line.

O avanço de novas descobertas tecnológicas proporcionou verdadeira revolução informativa, a qual contribuiu para que o cidadão se libertasse da influência direta e indireta da mídia centralizada (MATTOS, 2002, p. 50-53). As novas tecnologias criaram uma ponte entre a fonte emissora de informação e o usuário, subvertendo a ordem tradicional da comunicação e permitindo que qualquer indivíduo seja, ao mesmo tempo, produtor de conteúdo e formador de opinião, sem intermediários, por meio de um suporte, em tese, democrático.

Para compreensão do blog corporativo, desenvolvemos um panorama sobre a comunicação na web, os princípios que a norteiam e como ela se caracteriza.

Capítulo 3
Princípios comuns da comunicação digital

Independentemente da ferramenta digital utilizada pelo comunicador ou considerada em um plano diretor organizacional, observamos algumas características comuns a toda comunicação segmentada, de relevância para o usuário, bidirecional, interativa, que permite a participação e a construção coletivas, direta, ágil, de rápida disseminação (capacidade viral) e que pode ser gerada pelo consumidor.

Tais características modificaram a comunicação tradicional e acabaram por se tornar o padrão das comunicações on e off-line. Outras, mencionadas anteriormente, também se manifestam nos blogs (como será visto).

Em suma, podemos dizer que a comunicação digital propiciou:
- mudança de linguagem: mais objetividade e concisão;
- alteração no objetivo: de grupos massificados e homogeneizados para audiências segmentadas e/ou agrupadas por interesses afins;
- maior velocidade;
- oportunidade de retorno, resposta e participação;
- construção coletiva on-line; e
- rápida difusão (capacidade viral).

Por outro lado, também deixou organizações e pessoas mais vulneráveis e expostas a opiniões externas, e diretamente responsáveis por aquilo que publicam. Os usuários é que definem o grau de privacidade que querem destinar aos conteúdos publicados na rede.

3.1 Comunicação bidirecional, direta e instantânea

Bidirecional é a comunicação que permite a resposta e a interação entre emissores e receptores de uma mensagem.

Direta é a que dispensa intermediação, isto é, não utiliza os meios de comunicação, seus filtros e seleções de conteúdo.

A característica da instantaneidade pode ser observada em chats, comunicadores instantâneos, atendimentos on-line etc. É a comunicação acontecendo em tempo real. Contudo, atualmente, emissores e receptores trocam de papéis a todo instante em virtude dos princípios de colaboração, participação e produção coletiva, estabelecidos pela Web 2.0. Nessa obra, a referência "2.0" pressupõe colaboração, participação, interatividade do usuário e construção coletiva de conteúdo.

As empresas não conseguem controlar tudo o que seus consumidores dizem. São poucas as que admitem erros e lidam abertamente com as críticas. Apenas pequena parte das reclamações reverberará o suficiente a ponto de causar sério problema de imagem: e essa é uma possibilidade nova e assustadoramente real. Bem ou mal, estão falando da empresa e de seus produtos e serviços (GUIMARÃES, 2006b, p. 25), e participar dessa conversa pode ajudar a esclarecer dúvidas, resolver mal-entendidos, reforçar a imagem da organização e, ainda, posicioná-la como parte interessada perante seus *stakeholders*. Algumas empresas e agências acabam se equivocando, supondo que a criação de perfis oficiais nas redes sociais on-line seja uma solução. Muitas vezes, fazer parte de conversas já existentes – blogs, fóruns, sites de relacionamento – torna-se muito mais proveitoso e genuíno do que procurar replicar o modelo de comunicação unidirecional da mídia clássica.

Contudo, entendemos que o conceito de comunicação de mão dupla remonta à história das relações públicas, que, desde seu surgimento, valem-se da direcionalidade abrangente do processo comunicativo, bem como se preocupam com a abertura de vias de diálogo entre as partes para as quais trabalham.

A comunicação de mão dupla, em um grau de maior simetria, gera comprometimento, pois demanda engajamento e ação dos envolvidos no relacionamento comunicacional. Além disso, elimina os intermediários, ou minimiza seus efeitos, pois pretende ser direta e instantânea, ágil, de resposta rápida e sem intermediação.

A importância do veículo e da liberdade de expressão gerada pelos blogs e por outros aplicativos ligados à Web 2.0 pauta-se na participação e colaboração dos usuários. Como simples diários pessoais ou como espaços de notícias, comentários e opiniões, alguns deles estão conquistando credibilidade até mesmo da imprensa tradicional, que já os utiliza como fontes de informação. Os leitores, por sua vez, vêm incorporando ao cotidiano os blogs dos formadores de opinião, ou os de usuários comuns, assim como incluindo veículos tradicionais. Os agregadores ou leitores de feed, como Google Reader, por exemplo, ajudam a organizar as leituras dos sites de rede social.

Por outro lado, esse tipo de comunicação expõe muito mais a organização do que a comunicação unidirecional tradicional. Planejar-se para esse novo padrão de comportamento torna-se mais uma das funções do comunicador.

Para Rubel (apud PIMENTA, 2005, p.116), as empresas devem participar do diálogo proporcionado pelos blogs na web. Tais instrumentos consistem na publicação espontânea e imediata de informações que podem beneficiar ou comprometer uma empresa. Para lidar com a situação, grandes corporações estão contratando profissionais especializados no assunto ou empresas de relações públicas. Abre-se aí um mercado para os profissionais de RP e de gestão de imagem na rede. Nunca foi vista tanta vaga destinada a jovens profissionais de Comunicação que, mais acostumados ao ferramental digital, têm a oportunidade de ingressar no mercado de trabalho ao monitorar marcas nas mídias sociais, traçar estratégias de atuação e mensurar o valor da influência das organizações na rede, diante dos usuários.

3.2 Mídias geradas pelo consumidor: manifestação da comunicação direta

A mídia produzida pelo consumidor/usuário ou *consumer-generated media*, ou ainda *user-generated media*, é uma manifestação criada e compartilhada por e entre os consumidores/internautas. Acaba por gerar credibilidade, uma vez que foge à voz oficial das comunicações institucionais e influencia grandes grupos ligados pelas redes sociais.

A Wikipédia considera mídia gerada pelo consumidor o comportamento de difundir, como em um boca a boca, o que existe na internet. Compreende opiniões, experiências, conselhos, comentários sobre produtos, marcas, companhias e serviços – usualmente informados pelo usuário por sua experiência pessoal. Está presente em listas de discussão on-line, fóruns, grupos de distribuição de notícias e blogs. As mídias geradas pelo consumidor chamam a atenção de profissionais de comunicação em geral, de marketing, de gerenciamento da marca/imagem, de pesquisadores e afins, pois geram um rastro digital na internet e são passíveis de mensuração. Além disso, tais manifestações interferem na imagem e na reputação das marcas, bem como na decisão de compra dos consumidores internautas.

A mídia gerada pelo consumidor se origina de blogs, quadros de mensagens e fóruns, listas de discussão, tweets, serviços e sites que analisam produtos e serviços, e sites de varejo que usam conteúdos gerados por seus usuários em sistemas de recomendação e indicação, entre outros.

A tecnologia tem proporcionado um espaço de voz ativa anteriormente reservado às mídias de massa, popularizando outras formas de expressão e interação, ampliando os horizontes de novas comunicações entre os indivíduos da sociedade contemporânea. Maior exposição implica aumento de vulnerabilidade, uma vez que manifestações e denúncias ocorrem via web, publicamente. A rede de supermercados Walmart já foi alvo de "blogueiros" (ver http://walmartwatch.com/blog e http://blog.wakeupwalmart.com). O Walmart Watch vem conseguindo cobertura da mídia, como no exemplo a seguir: "Perhaps no other group is scrutinizing the company more thoroughly than Walmart Watch." – Arkansas Democrat Gazette, 6/5/2005.[5]

A mídia gerada pelo consumidor, segundo o Instituto de Pesquisa Nielsen Buzzmetrics,[6] está relacionada aos milhões de comentários provenientes de opiniões e experiências pessoais publicadas em locais públicos on-line sobre diversos assuntos, produtos e marcas. Ela também é conhecida como "boca a boca on-line" ou "buzz[7] on-line".

Segundo Guimarães (2005, p. 20), reclamações que antes se dissolviam no ar ficam registradas na internet, ao alcance de pesquisa nos buscadores. Em entrevista à revista *Exame*, Ronald Mincheff, presidente da filial brasileira da Edelman, uma das maiores agências de relações públicas do mundo, afirma que "a opinião de uma pessoa comum, sem os filtros dos meios de comunicação tradicionais, ganha cada vez mais credibilidade" (GUIMARÃES, op. cit.).

---

5 Talvez nenhum outro grupo esteja monitorando a empresa mais radicalmente do que Walmart Watch [tradução da autora].

6 CGM Overview, Nielsen Buzzmetrics. Disponível em: http://www.nielsenbuzzmetrics.com/formats. Acesso em: 24 de outubro de 2006.

7 Ruído, barulho.

O desenvolvimento tecnológico deu às pessoas um poder antes restrito às mídias. Com a tecnologia a favor do usuário, grupos de relacionamento ou interesses comuns se reúnem, partilham informações e definem agendas específicas, interferindo na opinião pública e na imagem e reputação das organizações. Essas "redes virtuais de interesse" são os agentes de uma transformação na forma como as empresas lidam com os grupos de pressão que afetam seus negócios (CAMARGO, 2005, p.82).

3.3 Os blogs como exemplo de comunicação bidirecional, direta e rápida

Blogs, vlogs, podcasts e aplicações móveis já são realidade em algumas corporações. Eles revolucionaram a forma de comunicação entre empresa e clientes, acelerando a transmissão de conhecimento e transformando-se em fatores importantes para conquista de vantagem competitiva no dinâmico ambiente on-line.

Desde a metade dos anos de 1990, o ambiente corporativo vem sofrendo influência das tecnologias da informação e comunicação, resultando em formas diferentes de atuação e em novos significados de missão, de eficiência e de eficácia para os departamentos de comunicação e para a organização como um todo.

Novas ferramentas, palavras, siglas e jargões, frutos do mundo digital, passam a integrar o dia a dia dos profissionais de comunicação: e-mail, blogs, podcasts, RSS, XML, salas de imprensa virtuais, chats, fóruns de discussão, conectividade, conexão peer-to-peer, interatividade, redes sociais, Orkut, MSN etc.

No contexto de contínua evolução tecnológica, um dos destaques e exemplos de comunicação bidirecional direta e rápida é o uso dos blogs pelas organizações. A internet passa por uma transformação profunda – a maior, desde sua disseminação – há mais de uma década. Formas de comunicação inovadoras, mobilidade total e colaboração são as palavras que definem esse novo momento. Inovadoras aplicações da rede aprofundam o conceito de personalização e colaboração. Trata-se, segundo Müller (2006), de um fenômeno de democratização ao acesso e à publicação de informações que nenhuma mídia anterior possibilitou. "Estamos saindo de uma era de produção em massa para outra, de inovação em massa" (POLÍTICAS, 2005, p.14). Com base nessa máxima, devemos preparar nossas organizações para a comunicação com seus mais variados públicos, que, além de usuários e receptores das mensagens empresariais, são agentes da comunicação, emissores e interlocutores de diversos grupos de interesse. A plateia está tomando o palco: "(...) graças à internet, os usuários podem se juntar e compartilhar ideias. A inovação liderada por usuários é parte desse cenário criativo e democrático da nova era. As pessoas querem ter voz" (POLÍTICAS, op. cit.).

Desde que surgiu, a internet foi considerada um meio de expressão dos usuários por excelência. Os instrumentos bidirecionais, mais do que os sites, consumam essa realidade, levando às últimas consequências (segundo MARTHE, 2005) dois princípios da web: interatividade e formação de comunidades. Cada texto, áudio ou vídeo postado tem uma janela que permite comentários de quem os visita, fazendo com que esse espaço seja de discussão. São interligados entre si por meio de links, formando uma rede de comunidades similares ou de assuntos relacionados. Em breve, as empresas colocarão em seus *clippings*[8] novas mídias que as mencionem.

Já existem empresas especializadas no monitoramento das menções em mídias sociais. O sistema de comentários dos blogs, sites e fóruns de discussão são considerados ferramentas de alto grau de interatividade e de democratização das informações, pois mais pessoas podem ter acesso aos meios de produção de informações. Comparativamente, pode-se dizer que a internet é muito mais democrática do que o jornal, a televisão e o próprio rádio, uma vez que torna menos complexo tecnicamente e menos oneroso economicamente para o indivíduo, por si só, estar presente na mídia.

As organizações podem utilizar instrumentos bidirecionais por diversas razões:

1. tornarem-se especialistas em suas áreas de negócios;
2. personalizarem relacionamentos com clientes, oferecendo espaços de discussão dos consumidores, provendo informações e recebendo feedback;
3. obterem uma face pública em contextos bons e ruins, podendo agir rapidamente em resposta às crises ou exaltações;
4. melhorarem as relações com a mídia, oferecendo um canal para esse público específico e modificando a direção da comunicação: da mídia para a empresa;
5. promoverem a colaboração interna, dispondo uma ferramenta de trabalho comum e sempre atualizada;

---

8 Do verbo inglês *(to) clip*: cortar, reduzir. É a atividade ou serviço profissional de recorte de matéria em jornais e revistas sobre determinado assunto, empresa, pessoa etc. Com o advento tecnológico, atualmente o *clipping* alcança materiais publicados pela televisão, pelo rádio e pela internet.

6. favorecerem a gestão do conhecimento. Tais veículos podem funcionar como um espaço de compartilhamento de conhecimento e como uma espécie de *e-learning*, tornando o aprendizado comunitário no trabalho;[9]
7. atraírem talentos, por destacarem a companhia como porta-voz especialista em seu ramo de negócios;
8. testarem ideias e produtos, conseguindo, de maneira informal, despertar interesse;
9. destacarem-se nos rankings dos buscadores da web, à medida que sejam atualizados com frequência.

Pesquisa realizada pela Backbone Media (apud EDELMAN e INTELISEEK, 2005b, p. 5) confirmou muitas dessas razões e elegeu cinco motivos principais para a criação ou manutenção de instrumentos de tal tipo: publicar conteúdos e ideias (52%), construir uma comunidade (47%), promover liderança ou pioneirismo (44%), obter informações dos clientes (36%) e receber rápido retorno dos consumidores (23%).

Barbosa Lima (2004) conclui:

> Mais que uma popularização de uma ferramenta de comunicação, assistimos ao surgimento de um importante instrumento democrático. (...) Parece, de fato, que os gurus da internet não estavam errados quando afirmavam, em 1995, que ela permitiria uma democratização da informação, tanto para quem produz quanto para quem consome.

Como ferramenta de comunicação interna ou externa, os blogs provocam mudança de paradigma no relacionamento cor-

---

[9] *Community on-the-job learning.*

porativo. Clientes e parceiros de negócios têm possibilidade de interação com a empresa. Enquanto marketing e relações públicas se encarregam de transmitir a mensagem unificada da empresa em diferentes plataformas, os instrumentos de mão dupla são mais parecidos com uma conversa casual com os públicos. No entanto, essa é também uma forma de relacionamento, pois se apresenta como um canal adicional de interação corporativa.

Já Pinho (2006, p. 347) observa que os blogs – e estendemos o raciocínio para os demais instrumentos diretos de dupla direção – podem constituir um importante aliado das empresas, à medida que é possível rastreá-los para descobrir o que dizem sobre elas, seus concorrentes, mercados e consumidores. Rubel (apud PIMENTA, 2005, p. 116) afirma que os blogs "permitem que você coloque o dedo no pulso do mercado 24 horas por dia, 7 dias por semana".

Nota-se a alteração do paradigma da comunicação assimétrica e de mão única para uma comunicação cada vez mais bilateral. Porém, ante tamanha liberdade nas mãos dos públicos, surgem os riscos para os quais as organizações devem se preparar, a fim de que não enfrentem uma crise. Políticas de uso e pessoal altamente qualificado com poder decisório on-line se fazem imprescindíveis se uma organização resolve "navegar" nesse ciberespaço.

Executivos do alto escalão de organizações como a General Motors (http://fastlane.gmblogs.com), a Boeing (http://www.boeing.com/randy) e a Microsoft[10] (http://scobleizer.wordpress.com) têm nos blogs um canal de comunicação com alguns de seus públicos.

---

10 Contratado pela Microsoft, Scoble criou o blog Scobleizer (http://scobleizer.wordpress.com), volta para os produtos da empresa. Tornou-se um porta-voz dos clientes e estabeleceu relação de confiança entre empresas e clientes (CIPRIANI, 2006, p.53).

A fabricante de motocicletas Vespa (www.vespausa.com/vespablogs) solicitou a dois consumidores que comentassem o desempenho das motos por meio de blogs e, com isso, influenciassem outros clientes, fornecessem dados (feedback) em tempo real e se aproximassem dos amantes do produto, tornando-os "evangelistas" (difusores) da marca. Para operacionalizar a ação, a Vespa contratou uma agência de relações públicas e marketing on-line: a Cooperkatz & Company PR & On-line Marketing. Os "blogueiros" não têm a obrigação de falar bem do produto, mas têm acesso a informações da empresa e de seus produtos antes dos lançamentos na mídia. Trata-se de uma estratégia de relações públicas que emprega consumidores formadores de opinião sobre os produtos. Tudo isso de forma transparente e com as regras explicitadas no próprio site da empresa.[11]

Em 2010, o site sueco de monitoramento da internet, Pingdom, afirmou existirem mais de 152 milhões de blogs no mundo. Até o final de 2011, o mesmo site divulgou haver 39 milhões de Tumblrs (uma espécie mais gráfica e visual de blogs) e 70 milhões de blogs hospedados no Wordpress. Infelizmente, o site não levou em consideração blogs hospedados no sistema Blogger, outra grande fonte de blogs no mundo.

Jonathan Schwartz, ex-presidente da fabricante de computadores Sun Microsystems, mantinha um blog[12] desde 2004 e acreditava que em dez anos os presidentes das empresas teriam de se comunicar diretamente com clientes, funcionários e parceiros. Atualmente, sabemos que muitos

---

11 Ver mais em: http://www.vespausa.com/VespaBlogs/blogFAQ.cfm.
12 Disponível em: http://blogs.sun.com/jonathan. Acesso em: 26 de agosto de 2007.

executivos o fazem por meio de ferramentas como Twitter, Facebook, LinkedIn, entre outras. Seu blog contava mais de 300 mil visitas mensais e versava sobre estratégias da Sun (vendida para a Oracle, em 2009), observações sobre o mercado, tendências e ideias sobre tecnologia e até perspectivas contrárias à empresa. A responsabilidade era do presidente da empresa. Para Jonathan Schwartz, o mundo dos negócios entrou na era da participação, na qual a capacidade de se comunicar constitui um valor estratégico. Sobre isso, Schwartz completa: "(...) 'Blogar' é também um importante componente da cultura da Sun. A rede de relacionamentos é uma ferramenta social extraordinária e a empresa sempre adotou essa cultura. Também acreditamos, como corporação, na verdadeira transparência. 'Blogar' também é uma extensão natural dessas qualidades."

A Microsoft tinha, em 2006, cerca de dois mil funcionários que mantinham blogs relacionados à empresa. Para Scoble (apud GUIMARÃES, 2006c), os diários eletrônicos são eficientes ferramentas de marketing desde que não sejam usados com esse objetivo explícito. Mais importante do que propagandear algum produto é a comunicação direta imediata que os blogs permitem entre a empresa, seus clientes e parceiros. Isso é o que faz a diferença. De acordo com Scoble, o blog é uma arma poderosa para os gestores da Microsoft, pois serve como feedback e material para tomada de decisões.

Ainda segundo Scoble (apud GUIMARÃES, 2006d), os departamentos de comunicação devem atentar para esse canal de comunicação e participar das conversas para que não haja impacto negativo nas marcas.

Cada blog remete a outros diários, em um sistema de remissão quase infindável, construindo uma rede de comunidades virtuais. O blog permite a construção coletiva de intimidade a partir do momento em que um comentário se interpõe nas páginas e mistura pessoas, pontos de vista, interesses, preferências. Quando escrevi a primeira edição deste livro, em 2008, os blogs eram responsáveis quase que isoladamente por interconexões como as já descritas. Pode-se dizer que atualmente eles dividem esse papel com microblogs, sites de relacionamento, fóruns de discussão e chats. Costa (2003, p. 80) acredita que os blogs oferecem uma visão do mundo web mais palpável do que as comunidades virtuais via chats e fóruns, considerando que esses dois são como clubes, os quais são frequentados, mas onde não se mora. Já os blogs estariam mais próximos dos condomínios, onde cada um cuida de sua casa da melhor maneira possível, mas não deixa de receber visitas e de frequentar a casa dos vizinhos. Pinto (2002, p. 15) classifica o fenômeno dos blogs como símbolo do "jornalismo faça você mesmo do século XXI".

> A informação jamais é imparcial, pois traz consigo, inevitavelmente, uma interpretação sobre os fatos. Noticiar é um fato de poder. Toda notícia contém uma seleção de seu conteúdo destinado a impactar os leitores; logo, informar é um modo de educar a cidadania. Assim, os meios de comunicação têm grande poder formativo e, como qualquer poder, devem ser submetidos a controles democráticos institucionalizados, eficientes e transparentes. O risco da ausência de contrapesos claros seria a instauração do arbítrio informativo, de um despotismo midiático que feriria os fundamentos do Estado de Direito (REGO, 2005, p. 36).

A despeito da citação anterior, acredita-se que os blogs rompem com esse paradigma de imposição de conteúdos, ideias, ideologias e acontecimentos propostos pelos meios tradicionais de comunicação, tais como rádio, televisão, jornal e revista. "O blog, em si, é uma ferramenta, assim como a TV, o DVD ou a caneta Bic", diz Marcelo Tas, "mas tem duas características marcantes: a facilidade de uso (ninguém precisa ser 'nerd' para abrir um blog) e os comentários abertos. Essas duas características fizeram dos blogs a mais democrática, veloz e livre forma de expressar uma opinião, hoje, no mundo. (...) Os veículos convencionais, portanto, que se cuidem. Não só pela concorrência do conteúdo, mas também pela liberdade da forma". Como diz Tas, "você é editor, redator, fotógrafo, ilustrador do seu próprio texto. Como brinco na home do meu site: 'Cada um de nós passa a ser o Roberto Marinho de si mesmo.'" (BEIRÃO, 2005, p. 65)

Novamente, reforço que não só os blogs têm essa função hoje: microblogs, sites de relacionamento, fóruns de discussão e chats também permitem que o agente da comunicação e da informação seja o próprio usuário.

Capítulo 4

Sua empresa está pronta para a comunicação na era digital?

4.1 Quais tipos de corporação devem se valer de uma comunicação direta, imediata e bidirecional?

Quando questionado se toda empresa deve ter um blog, Sifry (*ÉPOCA*, 2006) afirma que isso depende da cultura organizacional: participativa ou de controle. Uma cultura controladora não comporta um veículo questionador, livre e com tanta exposição como os instrumentos que permitem retorno e construção coletivas. Já as empresas que mantêm uma cultura participativa tendem a se beneficiar dessa ferramenta. Entretanto, mesmo em ambientes marcados pelo controle, o blog tem chance de se tornar algo positivo para a organização.

A criação de um instrumento bidirecional pressupõe comprometimentos por parte da empresa e passa pela definição do departamento ou da área responsável pela publicação e manutenção do veículo. Uma vez definido isso, é importante lembrar que o conhecimento da organização, de seus valores, princípios e políticas é essencial para o gerenciamento do instrumento, além de ciência da dinâmica da web e do dia a dia de um veículo desse tipo, primando pela transparência e pela ética.

Segundo o estudo "Blogging from the inside out" (EDELMAN e INTELISEEK, 2005b, p.19), antes de criarem blogs e, consequentemente, veículos de mão dupla, hoje estendidos para todas as ferramentas colaborativas, interativas e participativas de mídias sociais, as organizações devem questionar os pontos a seguir.

1. Temos condições de nos engajar nos diálogos com os públicos?
2. Qual é a estratégia para nos tornamos advogados perante nossos consumidores?
3. Temos uma política de uso iterna e externa?
4. Os funcionários contribuem no website da empresa?
5. A agência de comunicação que atende à empresa tem uma estratégia de comunicação para os públicos ligados à organização? Se a empresa já tem um veículo com essas características, alguém registra quantos comentários (e de que tipo) e links recebe?
6. Sabemos quantas vezes a empresa e/ou a marca foi mencionada em blogs e fóruns de discussão no último ano, quadrimestre ou mês?

7. A empresa monitora blogs ou o que está sendo discutido? Quem armazena ou avalia tais dados?
8. Existe um protocolo para responder a comentários negativos em outros meios? Quem é responsável por isso? Que tipos de evento suscitam tais comentários?
9. A empresa considera que possam existir consumidores "blogueiros" que já estejam na base de dados?
10. Entendemos a diferença entre os vários tipos de blogs?
11. Se analistas financeiros, representantes da mídia ou outros personagens externos estão pesquisando a organização, sabemos quais blogs visitam?
12. Quando lançamos um novo produto ou serviço, evento e campanha, temos uma estratégia de lançamento para os "blogueiros" e meios alternativos?
13. Já que os blogs são de fácil publicação, alguém na empresa pensou em adaptar elementos para seu website?

Devem adentrar na seara dos diálogos on-line as organizações que necessitam entender o cotidiano das pessoas e dar respostas ágeis a temas polêmicos, que não querem ser impositivas, mas participativas, e aquelas que querem garantir adesão às suas ideias.

Para ampliar o conceito anterior, podemos dizer ainda que há condições de estruturar canais de comunicação bidirecionais ágeis às organizações que possuam os seguintes requisitos:
1. modelo de negócios ou estratégias on-line, com desejo de diálogo com seus usuários e disposição para receber críticas;
2. necessidade de divulgação em um fluxo constante de informações;

3. calendários e agendas de eventos (instituições de caridade, associações, grupos de interesse);
4. vendas que dependem de lembrança e da informação para atingirem seus consumidores;
5. necessidade de retorno de seus públicos para o desenvolvimento de produtos;
6. produtos que inspirem discussão, entusiasmo, interesse e formação de comunidades;
7. busca de transferência para terceiros, que falem e endossem um tema, daquilo que não deve ser dito pelo departamento de relações públicas;
8. necessidade de comunicação direta (exemplo em tempos de crise);
9. desejo de se fazer parte de discussões sobre o assunto;
10. busca de credibilidade (citadas e relacionadas por outros);
11. nichos específicos de consumidores.

A multiplicação dos instrumentos bidirecionais permite a identificação de tendências e percepções, a recriação de formatos diferenciados de comunicação e a geração de resultados positivos para a empresa. Nesse sentido, abre-se um novo nicho de mercado para os profissionais de Comunicação Empresarial: o gerenciamento de crises, o monitoramento de informações na web e a gestão da comunicação digital como um todo.

A produção dos meios de dupla direção requer uma relação de troca que acaba unindo pessoas em prol de um interesse comum. A força deles está em possibilitar que qualquer pessoa, sem conhecimento técnico, publique suas ideias e opiniões na web, e que milhões de usuários publiquem comentários sobre o que foi escrito, criando um grande debate, aberto a todos.

Trata-se de uma abertura e uma exposição institucional inimagináveis nos tempos da "velha mídia". Os públicos querem e exigem das organizações a criação de canais de relacionamento ágeis e sem barreiras geográficas.

4.2 Limitações para a implantação do blog corporativo

De acordo com os resultados de uma pesquisa[13] sobre blogs em relações públicas e comunicação, a inibição dos executivos e das empresas europeias em adotá-los é gerada pela dificuldade de se controlar os conteúdos (44,4%), de integrar os blogs nas estratégias de comunicação (40,6%), de se criar conteúdos e ideias para os comentários (39,9%), pelo retorno das audiências (37,1%) e pela dificuldade de encontrar tempo para "blogar" frequentemente (10,4%). No entanto, dois terços dos 587 participantes da pesquisa estão familiarizados com os blogs e, destes, 68% escrevem ou leem blogs, mas apenas 36% fazem uso destes semanalmente.

Tais limitações se estendem aos instrumentos de comunicação bidirecional em geral. Em suma, o controle do conteúdo, o "descolamento" de um planejamento global de comunicação, a dificuldade de atualização constante e o retorno do público podem ser restritivos às organizações ao escolherem seus meios

---

13 Primeira pesquisa europeia sobre os blogs em relações públicas e comunicação, realizada pela Euprera (European Public Relations Education and Research Association) com 587 profissionais de relações públicas de 33 países europeus. Disponível em: http://www.euroblog2006.org/results/assets/EuroBlog2006_Results.pdf. Acesso em: 12 de junho de 2006.

de comunicação. Às limitações ainda se somam a dificuldade de se enxergar os benefícios, a falta de pessoal capacitado para lidar com o meio (é possível dizer que existe uma demanda não atendida no mercado), a carência de orçamento, a dificuldade de controle e a insegurança em relação à tecnologia.

4.3 Oportunidades

Por outro lado, a mesma pesquisa ressaltou as excelentes alternativas para blogs corporativos, por serem vistos como pioneiros na adoção de tecnologias de ponta (33,7%), pela fácil utilização e pelo baixo custo da plataforma (30,7%), pelo envolvimento com os empregados (29,2%), por serem lidos e relacionados a outros blogs (26,2%), pela comunicação direta, sem passar pelos filtros dos jornalistas (23,3%), por alcançar novas audiências (15,1%), pela oportunidade para comunicação autêntica e personalizada (13,7%), pela rápida reação aos temas (11,4%), pela leitura do ambiente (10,3%) e pelo retorno da audiência (7%).

A fim de ressaltar as diferenças entre os meios de comunicação tradicionais e os digitais, elaboramos um quadro com os principais atributos de cada um dos meios.

Quadro 4.1 – Comparativo entre os meios de comunicação.

	Meios eletrônicos	Meios impressos	Meios digitais	Blogs (meio digital bidirecional)
Autoral	Não	Depende (colunas de jornais e revistas são autorais)	Não	Sim. Os blogs representam a opinião e identificam quem escreve
Interatividade	Unidirecional	Bidirecional com resposta lenta	Bidirecional com resposta rápida	Bidirecional com resposta rápida
Segmentação	Massificada	Grandes segmentos limitados em funcionalidade, padronizados e formais		Audiência específica, autêntica e informal
Acesso	Alta penetração	Média penetração	Baixa penetração (atualmente no Brasil, cerca de 18% da população têm acesso à internet)	
Personalização	Média	Alta	Alta	Alta
Velocidade da informação	Rápida	Lenta	Instantânea	Instantânea
Variedade de temas	Diversos canais (com a TV paga)	Diversas publicações com o advento da segmentação e da personalização do conteúdo	Enorme	Enorme
Participação e colaboração do público-alvo	Difícil e rara	Difícil e rara	• Possível e mais frequente que os dois tipos anteriores • Possibilidade de traçar a própria programação	• Possível e mais frequente que os dois primeiros tipos • Possibilidade de traçar a própria programação

Pesquisa sobre novos meios de comunicação do site The Economist[14] mostra que o fenômeno dos blogs, dos vlogs e dos podcasts confunde as fronteiras entre autor e público por se tornarem fonte e referência para os usuários da rede e por serem participativos. Pode-se dizer que as fronteiras entre o que se publica de forma pessoal e de maneira profissional estão muito tênues, para não dizer invisíveis. Pela responsabilidade do conteúdo publicado, pode-se responder até mesmo judicialmente.

Em tal cenário, o diálogo é mais importante que o instrumento em si.

4.4 Comunicação bidirecional e reputação corporativa

A disseminação da mídia social na internet – como os grupos de discussão on-line, as listas de e-mail, os microblogs e os sites e as comunidades de sites de relacionamento, bem como os diários eletrônicos ou blogs – criou uma nova maneira de se atingir uma marca, seja pela materialização de rumores digitais, seja na forma de ataques à sua reputação.

Aos poucos, as empresas descobriram que a melhor defesa contra isso seria levar as novas mídias a sério e resolver rapidamente quaisquer problemas que por meio delas surgissem. Para que as mídias bidirecionais tivessem credibilidade, elas precisariam lidar com comentários negativos ou positivos, sabendo ouvir elogios e críticas.

---
14 Disponível em: http://www.economist.com/surveys/displaystory.cfm?story_id=6794172. Acesso em: 1º de maio de 2006.

Diversas organizações passaram a buscar meios para adaptar sua propaganda a grupos específicos de consumidores e os blogs e grupos de discussão da internet, unindo pessoas com interesses semelhantes, permitiram transformar anúncios on-line em dinheiro não virtual.

Steve Rubel, da CooperKatz, empresa de relações públicas, avalia que as companhias deveriam ter sempre pronto algum plano para influenciar as redes sociais on-line em caso de nova crise. Ele comanda uma prática chamada de micropor suasion (microconvencimento, em tradução literal), que ajuda as empresas a melhorarem seu marketing por meio de blogs e outras mídias bidirecionais, permitindo-as conversar com o público (*Blogs conquistam respeito nos negócios*, 2006).

Todo veículo bidirecional exige acompanhamento e inclui divulgação, publicação de textos de interesse da audiência, mensuração e avaliação do desempenho da mídia.

Para sua promoção, faz-se necessário lançar mão de estratégias como: destaque nas ferramentas de busca, desenvolvimento de conteúdos virais,[15] redes de links e comentários, anúncios, publicidade e notícias, não mencionando aqui a construção efetiva de um relacionamento e de um diálogo com formadores de opinião on-line e usuários interessados em sua marca, produto, serviço ou organização.

No uso de blogs corporativos, Cipriani (2006, p.83-86) recomenda uma série de regras e etiquetas que podem ser estendidas aos veículos de mão dupla, como se verifica a seguir.

---

15 Termo usado para descrever algo que se espalhe com facilidade pela web, isto é, que possua as características de um vírus propagador de uma mensagem por diversos websites e blogs.

1. Antes de iniciar um veículo com tais características, familiarizar-se com o seu universo.
2. Estabelecer normas e políticas de uso.
3. Definir um bom nome.
4. Manter o tom pessoal e informal.
5. Ser autêntico e opinativo.
6. Ser honesto.
7. Ser aberto e receptivo às interações.
8. Controlar comentários, evitando abusos de usuários mal-intencionados.
9. Ser específico nos assuntos tratados e na temática do blog.
10. Garantir a qualidade dos textos produzidos e que o autor seja especialista no assunto.
11. Escrever com frequência.
12. Oferecer ferramenta de busca por palavra-chave no histórico dos textos.
13. Observar o tempo gasto para responder aos comentários ou escrever os textos.

4.5 Retorno e mensuração

Uma das grandes vantagens da rede é a facilidade de mensuração e o acompanhamento das ferramentas que dela derivam. Monitorar-se e mensurar-se o retorno é parte fundamental para se construir um meio de comunicação bidirecional.

O termômetro desses meios é a qualidade e a quantidade de comentários neles deixados, bem como citações, referências e links que aparecem na web em resposta ao que é postado no veículo original. Os links são uma espécie de voto de confiança para o veículo. Funcionam como um depoimento, com valor de "eu gostei", "eu recomendo".

Para monitorá-los, um estudo argentino da agência de comunicação Edelman sugere a utilização de buscadores, RSSs e taglines.[16] Deve-se escolher e registrar-se em uma plataforma de monitoramento que permita acompanhar tudo o que se publica. Existem softwares como Radian6, Scup, Buzz Metrics, entre outros, pagos e gratuitos, que, quando bem parametrizados com palavras-chave relevantes para o negócio, trazem boa quantidade de dados. Obviamente, não se deve excluir o elemento humano na análise e no tratamento dos dados, mas tais ferramentas auxiliam na minimização de buscas manuais e demoradas.

Em resumo, de acordo com o estudo "Blog Monitoring" (2006, p.11), controlar esses meios inclui:
- buscar na web palavras-chave de interesse para a organização;
- ler vários posts de diversos veículos;
- identificar e "assinar"[17] (via RSS) meios de interesse (aliados e concorrentes); e
- acompanhar e monitorar.

4.6 O que não fazer

Em virtude de tais veículos serem canais de linguagem aberta e de expressão de opiniões, não se aconselha usá-los dire-

---

16 Palavras mais representativas de um post que internautas subscrevem para que os motores de busca entreguem como resultado.

17 Subscrever, receber feeds.

tamente para a publicação de comunicados à imprensa em busca de promoção ou publicidade (CIPRIANI, 2006, p.88). Tal prática pode parecer invasiva (spam) não apenas para jornalistas, mas também para formadores de opinião on-line.

Simular, mentir ou dissimular também constitui uma armadilha para os meios corporativos, cuja intenção pode transparecer para o público-alvo. Usar perfis falsos é enganar o usuário, que fará questão de evidenciar o fato a outros internautas ou deixará de acreditar na organização que adotou tal prática.

Os blogs, microblogs, podcasts, wikis etc. não substituem os portais de internet ou intranet, uma vez que seus conteúdos são mais compatíveis com uma troca de conversas ou notícias e não com um algo complexo que exija links, figuras, áudio e vídeo, animações e outras propriedades que um website pode utilizar com as tecnologias e a velocidade de conexão existentes (CIPRIANI, 2006, p. 91). Cada ferramenta e cada meio têm suas peculiaridades e sua função. Usar o "mix" de comunicação integrada de forma sistematizada, planificada e com metodologias de avaliação parece ser a melhor saída para os gestores de comunicação e para a marca.

As empresas que aderirem aos meios de mão dupla apenas como modismo podem ter prejuízo caso não se dediquem ao veículo como a qualquer outro, não o deixarem dinâmico e atualizado ou não responderem às manifestações de quem o acessa.

4.7 Concorrência e exposição incontroláveis

Com o advento da comunicação bidirecional pós-internet, o número de vozes aumentou e a relação entre elas tornou-se mais intensa, o que deixa a empresa exposta à opinião pública. O usuário se caracteriza como mídia, aquele que produz, compartilha e consome seus próprios conteúdos e tem mais vez e mais voz diante das oportunidades de expressão atuais.

A fabricante de cadeados Kryptonite sofreu com uma exposição negativa nos blogs. Alguém descobriu que era possível abrir os cadeados usando apenas uma caneta, e isso foi amplamente divulgado na "blogosfera". Passados cinco dias, a empresa não havia se pronunciado e a história foi parar no *The New York Times* e no *The Washington Post*. A empresa teve de reconhecer o erro, fazer um recall das peças e gastar dezenas de milhares de dólares. Depois da crise, a gerente de relações públicas da Kryptonite na época, Donna Tocci, criou o seu próprio blog e passou a participar das discussões.

Fazer-se presente na web implica exposição a todos os públicos nela presentes e, também, saber ouvir, posicionar-se e estar disposto a realizar mudanças.

4.8 Política de funcionamento e utilização

É necessário que se estabeleçam regras para os veículos bidirecionais corporativos, e também para a publicação de informação corporativa em instrumentos pessoais de colaboradores de empresas, para que não ocorram ruídos e vazamento de informações. Além disso, regras explícitas sobre o instrumento geram credibilidade perante os leitores.

Atualmente, as organizações estão lançando mão de políticas ou normas de conduta para as mídias sociais, a fim de tentar controlar pelo menos o que o público interno cita sobre a instituição nas redes sociais. Trata-se de uma das formas pelas quais a comunicação organizacional busca controlar as expressões sobre as empresas nas mídias sociais, além de se proteger de detratores, usuários raivosos ou clientes insatisfeitos que tentam prejudicar a marca. Para as organizações que possuem blogs corporativos, as políticas servem para explicitar as normas de publicação de comentários e garantir que não ocorram reclamações, ofensas ou não sejam publicados assuntos fora de tópico ou contexto.

A General Motors, por exemplo, estabeleceu uma política de publicação para os executivos e usuários de seus blogs. O Código de Ética[18] da GM compromete o "blogueiro" a: dizer a verdade; corrigir erros e enganos prontamente; não apagar comentários, a não ser que sejam spams, estejam fora de contexto ou sejam difamatórios; responder todos os comentários rapidamente, na medida do possível, quando necessário; relacionar diretamente referências on-line e a fonte original dos materiais; e, por fim, comprometer-se a respeitar opiniões contrárias de forma respeitosa. Outros blogs corporativos como o da Tecnisa[19] ou do MercadoLivre[20] também seguiram a mesma linha.

---

18 Disponível em: http://fastlane.gmblogs.com/about.html. Acesso em: 26 de agosto de 2007.
19 Disponível em: http://www.blogtecnisa.com.br/.
20 Disponível em: http://www.mercadolivre.com.br/blogmlog.

Capítulo 5

Estou na web, e agora?

5.1 A web e os grupos de interesse

As redes virtuais de interesse são os agentes de mudança que afetam e alteram o modo como as empresas lidam com os diferentes grupos de pressão envolvidos em seus negócios. Essas redes mobilizam outras mídias, criam mitos e interferem nas opiniões de outros usuários, amplificando e acelerando percepções. É possível que afetem, inclusive, as decisões de compra desses usuários.

Setores muito regulados ou visados sempre souberam que deveriam levar em conta tanto seus reguladores quanto todos os grupamentos em torno de suas atividades, como associações, ativistas e organizações não governamentais. Atualmente, todas as empresas devem estar atentas aos públicos constituintes. Trata-se de uma forma de gerenciar relacionamentos e não de administrar crises.

Até aí, nada inovador, uma vez que as relações públicas se ocupam de mapear os públicos ligados às organizações e estabelecer com eles relacionamentos verdadeiros, sólidos e positivos desde o surgimento da atividade no cenário corporativo.

Não se trata de fazer do veículo um serviço de atendimento aos clientes, mas, sim, de apresentá-lo como um meio natural e prático de influenciar e dialogar com eles, ouvindo-os e identificando preferências e expectativas.

5.2 Estratégia de comunicação

Pesquisa[21] da Associação Brasileira de E-business elaborada com 42 empresas de médio e grande portes, durante o mês de setembro de 2006, detectou que 80% dos participantes consideram imprescindível a utilização da internet como um canal de relacionamento. Hoje, os números são superiores e a adesão à rede aumentou ainda mais.

Todas as empresas entrevistadas tinham website, e os portais, antes com caráter institucional e informativo, agregavam a função de relacionamento e negócios on-line. Das consultadas, 36% utilizam a intranet para fins institucionais, 44% direcionam o site para informação de produtos e serviços, 47% fazem vendas eletrônicas e 50% se relacionam via internet, oferecendo serviços para seus públicos. Tempos depois, é possível dizer que além dos websites ou portais, muitas empresas adotaram as mídias sociais como suporte ou complemento às suas estratégias de comunicação, o que não significa dizer que estejam fazendo o melhor uso delas.

---

21 Realizada pela Associação Brasileira de E-business: "Panorama do cenário do uso do canal web como foco no marketing e na comunicação nas empresas brasileiras".

A tendência para os próximos anos é a de que as informações institucionais, de produtos e serviços tendem a se condensar e a organização passe a lançar mão de estratégias de relacionamento para se comunicar com seus públicos em diversos canais, tanto on-line quanto off-line. Negligenciar o *buzz* pode ser caro demais para uma organização que ambicione perpetuar-se no mercado.

Para planejar estratégias de comunicação, Brandão (apud MORAES, 2005, p.5) recomenda:

1. alinhar a estratégia on-line à off-line. A internet é complementar aos meios tradicionais;
2. entender e identificar os públicos-alvo na internet, como e com quem falam;
3. monitorar o que falam sobre a empresa, seus produtos e serviços na web;
4. escolher sempre as ferramentas mais adequadas para cada público;
5. aumentar as chances de ser encontrado;
6. criar fatos inteligentes e de interesse para os públicos de relacionamento;
7. criar uma política de permissão, sem tornar-se invasivo;
8. defender e manifestar, não tolerando que boatos e burburinhos criem uma crise;
9. investir tempo e dinheiro nos meios digitais, visando a respostas ágeis e rápidas;
10. renovar, percebendo a evolução dos públicos.

Oferecer fóruns multifacetados para a participação e o diálogo permite às pessoas estarem alinhadas às grandes organizações de forma positiva. Permitir alternativas de comunicação é mais uma forma de facilitar esse relacionamento.

Os veículos bidirecionais não são diferentes de canais tradicionais como vídeo, impressos, áudio e apresentações, entre outros. Todos dão resultados, de diferentes formas. No entanto, os instrumentos de mão dupla são, principalmente, fortalecedores de relacionamento com os públicos organizacionais estratégicos, trazendo como benefícios:
- fonte de referência nos negócios da companhia;
- relacionamento com clientes. Em um fórum no qual não se objetive vender, uma empresa pode ter uma relação mais pessoal com seus consumidores, não impedindo que se instaure um canal de vendas, agregando, assim, valor à marca;
- agilidade para se unir às discussões de consumidores, dispondo de dicas ou recebendo retorno (feedback);
- relacionamento com a mídia. Trata-se de uma forma de oferecer uma visão oficial da organização de forma ágil e proativa;
- colaboração interna. Membros de um projeto que sejam de diferentes departamentos em uma empresa podem compartilhar relatórios e se atualizar de forma recíproca;
- gestão do conhecimento. Os funcionários de uma organização podem encontrar informações e recursos de que precisam em um instrumento bidirecional, em uma espécie de e-learning, com possibilidade de aprendizado durante o trabalho;
- recrutamento. Se a organização se firmar como líder de mercado em seu negócio, chamará a atenção das pessoas que irão ler e discutir o que ela tem a dizer e, portanto, terá chance de atrair novos talentos por ser vista como empregadora atrativa;
- teste de ideias e produtos. Por ser informal, a tendência é a de que as pessoas participem, e isso pode dar uma medida de valor. A organização pode publicar uma

ideia e observar se ela gera interesse de outros internautas e a repercussão do tema. Também pode, sistemática e propositadamente, estimular opiniões em torno de lançamentos de produtos, serviços ou experiências; e
- destaque nos rankings de busca. As ferramentas de busca elencam sites que são atualizados com frequência, que direcionam para outros sites e que têm links internos. Começar um blog, podcast ou uma ferramenta colaborativa dentro do website corporativo pode ajudar a organização a se destacar, permitindo gerar conteúdos atualizados e referenciados por outros.

Orihuela (2005, p. 88-93) elaborou um guia com seis passos, os quais discuto a seguir, para ajudar empresários a explorar o potencial dos blogs como estratégia de comunicação corporativa digital. Entendemos que as etapas se estendem aos demais instrumentos bidirecionais:

1. Conhecer a mídia e suas aplicações no âmbito corporativo

Este primeiro passo demonstra a necessidade de entendimento da dinâmica do meio, dos casos existentes e das aplicações para blogs de empresas ou marcas, de executivos, de colaboradores, de produtos, de setores com patrocinadores exclusivos e como plataforma de personal branding.

2. Comprovar se a empresa necessita de um weblog

Segundo Orihuela (op. cit.), podem tirar proveito do instrumento: as empresas cujo modelo de negócios está fundamentado total ou parcialmente na web, dependendo do feedback para desenvolvimento de novos produtos e serviços; as que são orientadas a nichos de mercado muito específicos ou organizações que "gerem entusiasmo, adesão ou inclusão de comunicação de usuários"; e aquelas que necessitam de canais de comunicação diretos com seus públicos, bem como precisam administrar de maneira eficaz a comunicação pública em situações de crise ou transcender as ações tradicionais de relações públicas.

3. Definir e enfocar a linha editorial de weblog corporativo

Neste item, Orihuela (2005, p. 90) preocupa-se com o planejamento do veículo dentro de um contexto da estratégia de comunicação e marketing da empresa, afirmando, ainda, que o blog não substitui, mas, sim, complementa o site corporativo, e pode ser utilizado para reforçar a mudança de imagem da marca, apoiar o lançamento de um produto, estruturar a comunicação externa, dar suporte à realização de um evento, estabelecer uma comunicação com os públicos interno e externo, entre outros.

4. Escolher alguma das seguintes opções

a) serviço gratuito de edição e hospedagem de blogs na web;
b) serviço pago de edição e hospedagem de blogs na web;
c) aplicação de gestão de conteúdos no próprio servidor e com domínio próprio;
d) contratação de um "blogueiro";
e) patrocínio ou apoio a um blog.

5. Identificar e ler regularmente bons blogs sobre seu setor de atividade

A preocupação mencionada neste item reside na análise e na seleção de temas, na frequência de publicação, nas fontes utilizadas e no retorno recebido.

6. Iniciar de forma discreta

Orihuela (op. cit., p. 93) aconselha que a divulgação mais ampla do blog só se realize quando o instrumento tiver boa quantidade de artigos relevantes; sugere, ainda, que a própria comunidade "blogueira" descubra o instrumento, e finaliza: "Publique conteúdos de qualidade regularmente e o resto chegará."

> Admitindo a "blogosfera" como uma cadeia de blogs interligados em conversações, vemos que, além de ser um canal para a divulgação de informações e um "pontapé inicial" para introduzir sua mensagem, o blog é uma cascata de interações que espalha e divulga mensagens que despertam o interesse da comunidade (CIPRIANI, 2006, p. 132).

No entanto, é preciso realizar esforços de divulgação, presença e engajamento nas mídias sociais e, sobretudo, em outros blogs de interesse da organização, para que o blog corporativo consiga se legitimar, tenha êxito entre seus pares e, principalmente, perante o público que pretende atingir.

Ao ato de espalhar ideias denomina-se *buzz marketing*. Quando clientes e parceiros falam da marca, do produto, do serviço ou da empresa e capturam até o interesse da mídia, podem influenciar o público a comentar o assunto. Na web, algo que cai no gosto dos internautas é chamado de "viral" ou buzz on-line.

Em maio de 2004, em uma palestra para executivos promovida pela Microsoft para discutir o ambiente empresarial e o futuro da tecnologia, Bill Gates recomendou o uso de blogs como meio de informação e comunicação entre chefes e subordinados.

Gates sugeriu às organizações e seus executivos que tivessem seus próprios weblogs, a fim de facilitar o fluxo da comunicação, tornando-se eles próprios (executivos) fonte de notícias para seus empregados. Os chamados business blogs (ou "bizblogs") são ambientes democráticos nos quais a informação flui, pois todos têm direito a opinar sobre os assuntos discutidos.

Esses meios entram em um novo paradigma de relações públicas por adicionar uma voz personalizada às empresas, além de ganhar aceitação na mídia e na opinião pública por formas virais de divulgação e por cidadãos digitais.

Blogs de funcionários e presidentes, podcasts, fóruns de discussão ou outras ferramentas não são soluções para todos os problemas, mas são canais de comunicação viáveis para muitos propósitos, incluindo a gestão do conhecimento interno, a melhoria da reputação e da imagem externa e o compartilhamento de informações, que podem integrar o "mix" de estratégias e instrumentos de comunicação organizacional. Além disso, não devem ser instrumentos exclusivos de relacionamento, e sim de complemento.

O fato é que essas mídias passam, cada dia mais, a fazer parte de nossas vidas como forma de expressão e informação.

Capítulo 6

O que vem pela frente

Os veículos bidirecionais podem ser utilizados para relações públicas, marketing direto ou publicidade, gestão de relacionamento com cliente, comunicação interna, geração de novos negócios, melhoria do posicionamento do website em ferramentas de busca, comércio eletrônico e para diversas finalidades em ações de comunicação organizacional. Diferenciam-se do spam à medida que são solicitados pelo leitor. São o oposto da comunicação de interrupção praticada pelos meios tradicionais eletrônicos e sonoros, como a televisão e o rádio, respectivamente.

As mídias digitais vêm sendo percebidas como um importante reforço de comunicação com seus diferentes públicos. Em virtude da rapidez com que esses veículos avançam, podem levar a uma multiplicação dos formatos corporativos e, daí, identificar tendências e percepções, revisar formatos de comunicação e gerar resultados positivos à imagem da organização.

Em pouco tempo, segundo estudo[22] da agência Edelman em parceria com a empresa de inteligência de marketing Inteliseek, o fenômeno dos blogs alterou drasticamente o cenário e os tradicionais paradigmas de desafios sobre o controle das mensagens por corporações, mídia, governo, profissionais de marketing e *stakeholders*.[23] O estudo sobre as mídias nas quais os consumidores confiam afirma ainda que a pessoa "normal" quer engajar-se e ser engajada nas conversações, e que os blogs permitem esse envolvimento. Nesse sentido, ele destaca que os blogs são uma extensão natural da chamada "mídia gerada pelo consumidor" ou "jornalismo cidadão", o que promove maior confiança dos consumidores e dos públicos da organização nesses meios e não nos tradicionais ou oficiais, nos quais a unilateralidade prevalece. Atualmente, a ferramenta blog divide espaço e importância com microblogs, fóruns de discussão on-line, sites de relacionamento, de geolocalização, grupos de e-mail, entre outros instrumentos colaborativos e interativos disponíveis na rede.

Diante desse panorama e na mesma linha do estudo mencionado, algumas tendências estão caracterizando a internet, segundo Jiménez (2006): geração de conteúdos pelos usuários (mídia gerada pelo consumidor), comunicações sincrônicas (instantâneas), conteúdos compartilhados e acesso móvel a tais conteúdos. O autor afirma: "Definitivamente, os usuários estão cada vez mais ávidos por comunicarem-se e expressarem-se através dos meios digitais." (JIMÉNEZ,

---

22 Ver referências bibliográficas: Edelman e Inteliseek (2005a).
23 Consideramos *stakeholders* os públicos de relacionamento estratégico para a organização.

op. cit.) Por meios digitais, entendam-se dispositivos móveis, computadores, notebooks, tablets etc.

Em suma, os profissionais de comunicação e os *stakeholders* precisam conhecer o que são esses meios, como funcionam e como influenciam e modelam a cultura e as práticas corporativas atuais. Participar da "cibercultura" requer conhecimento das práticas, dos formatos, dos comportamentos e da influência, além de uma aproximação inteligente para nela se engajar, conclui o estudo "Trust Media" (EDELMAN e INTELISEEK, 2005a, p. 20).

Em síntese, podemos enumerar como tendências:
- participação não só da empresa, mas também dos internautas;
- colaboração, construção e contribuições coletivas para esses veículos (mídia gerada pelo consumidor);
- interação;
- instantaneidade e/ou agilidade nas trocas comunicacionais;
- sistema de recomendação e influência;
- pessoalidade nas comunicações;
- segmentação por perfil e assunto;
- formação de comunidades; e
- comunicação direta.

Coincidentemente, estes são os mesmos princípios da Web 2.0, das mídias sociais, e também fazem referência à essência da comunicação bidirecional que remonta às relações públicas.

Capítulo 7
Blogs corporativos

O blog corporativo, mais do que uma tendência, é uma realidade que chegou para ficar, assim como a necessidade de as empresas se adaptarem a ele (BEGARA, 2006).

Pela própria característica do veículo, é um canal de comunicação entre a empresa e seus públicos, o qual permite uma conversa bilateral e mais informal. No mundo corporativo, a ferramenta pode ser explorada como relacionamento, divulgação, endosso de terceiros à reputação e imagem corporativa e ao diálogo. Mais uma vez, vale dizer que as ferramentas de mídia social também cumprem esse papel de tentar estabelecer diálogo, interações e colaborações entre o gestor de um perfil e sua audiência e vice-versa.

Para Müller (2006), os blogs corporativos são divididos, basicamente, em internos e externos.

7.1 Blog externo

> Os blogs acabaram se transformando no principal canal de diálogo de clientes e de pessoas de todo o mundo (CIPRIANI, 2006, p.116).

Externo é aquele publicado pela empresa para acesso irrestrito na rede, com o propósito de interação, seja como canal de comunicação, de reforço da marca, de feedback para desenvolvimento de produtos, de gerenciamento de crises, de relações públicas, de relacionamento com a mídia, de posicionamento estratégico etc. A abertura para o público também pode servir como uma espécie de ouvidoria dos clientes. Para a comunicação externa, os benefícios incluem fortalecimento das relações com importantes grupos de pessoas e o posicionamento da organização como especialista em determinados assuntos.

A empresa de recolocação profissional Catho Online lançou um blog externo para se relacionar com clientes e *prospects*[24] – o Catho Blog.[25] Ele permite a leitura de artigos sobre o mercado de trabalho, carreira, tendências profissionais, atualidades e acontecimentos do dia a dia corporativo. Além disso, o leitor pode deixar comentários, sugestões, críticas e opiniões sobre os temas tratados. Segundo Begara (2006), coordenadora do Catho Blog, na ocasião da entrevista, "a empresa não deseja apenas um canal de divulgação da marca, mas, principalmente, um meio de dialogar com seu público, falando sua língua e permitindo que todos se expressem".

---

24 Potenciais clientes.
25 Disponível em: http://blog.catho.com.br/. Acesso em: 30 de novembro de 2011.

O blog externo não é substituto da página web tradicional, que é a "vitrine" da empresa. A diferença é que o portal funciona como uma biblioteca; no blog, o cliente "conversa" com a empresa, além de consultá-la.

7.2 Blog interno

O blog dirigido ao público interno é um canal de comunicação de assuntos de interesse da empresa e seus colaboradores. Paul Otellini, da Intel, em 2001, foi um dos primeiros CEOs a usar o blog como ferramenta de comunicação interna (CIPRIANI, 2006, p. 48-49).

O crescimento da "blogosfera" e, por que não dizer, das mídias sociais, potencializou o "empoderamento" (*empowerment*) dos funcionários de maneira que nem os sindicatos no final do século XIX e início do século XX conseguiram (EDELMAN e INTELISEEK, 2005b, p. 3). No entanto, tal poder criou novas situações tanto para organizações quanto para colaboradores, o que obrigou as primeiras a instituírem normas de conduta, políticas e manuais para balizar o comportamento dos funcionários nas mídias sociais.

São eles que emergem como potenciais embaixadores da organização, da marca, dos produtos e serviços, ilustrando novas facetas para a mídia e para as táticas e estratégias de relações públicas pensarem e incluírem nos planejamentos de comunicação.

A fabricante de iogurte Stonyfield Farm mantinha cinco blogs internos. Um deles, denominado Baby Babble,[26] per-

---

[26] Disponível em: http://stonyfield.typepad.com/babybabble/. Acesso em: 16 de julho de 2006.

mitia que funcionários com filhos compartilhassem informações e dicas com outros pais, o que acabava produzindo resultados que beneficiavam tanto funcionários quanto clientes. A empresa tinha até um cargo dedicado exclusivamente ao gerenciamento dos blogs da empresa, o Chief Blogger (chefe ou responsável por blogs). A estratégia atual reúne todos os blogs em um único, o The Buzz.[27]

Como o blog passa a ser o porta-voz de informações dentro da empresa, é fundamental estabelecer regras para funcionários e executivos que dele participarem. É importante, entretanto, que haja um monitoramento, moderado, daquilo que é escrito pelo público interno. Regras e políticas suprem a demanda, mas não podem inibir, coibir ou manipular o que os funcionários estão escrevendo (CIPRIANI, 2006, p. 52).

Como canais de comunicação entre a organização e seus públicos internos, a exemplo de comunicação interna, gerenciamento do conhecimento, acompanhamento de projetos e colaboração interna, integração e reforço de iniciativas de recursos humanos, o blog interno pode ser uma colaboração entre membros de um projeto (blog de projeto), pode servir como uma intranet (blog como intranet) ou, ainda, funcionar como um ouvidor interno (blog como ombudsman/ouvidor). Esses tipos de blog são geralmente referidos como ferramentas para a colaboração e gestão do conhecimento.

Em 2006, o presidente executivo do HSBC no Brasil, Emilson Alonso, criou um blog para incentivar a comunicação entre os funcionários da instituição. Esse canal de comunicação era atualizado semanalmente, e Alonso entendia que o retorno dos

---
27   Disponível em: http://www.stonyfield.com/blog/. Acesso em: 30 de novembro de 2011.

colaboradores seria gradual. Na primeira semana de abril daquele ano, o tema foi empregabilidade e houve 13 mil acessos e 398 comentários apenas nos centros administrativos, sem contar as agências bancárias, que também tinham acesso à ferramenta.

Os blogs de presidentes cresceram, pois representaram uma forma de alcançar tanto audiências internas quanto externas e estabeleceram mais valor no mundo on-line do que ações de comunicação tradicionais, segundo o estudo "Blogging from the inside out" (EDELMAN e INTELISEEK, 2005b, p. 3).

As empresas entenderam que não só os presidentes poderiam "blogar", mas também especialistas em suas áreas de atuação. Um dos exemplos é o blog A Quinta Onda,[28] do gerente de Comunicação e Marketing da IBM Brasil, Mauro Segura, considerado um dos principais porta-vozes de comunicação, marketing e mídias sociais do país.

A seguir é apresentada a reprodução do primeiro texto do CEO.[29] Emilson Alonso, publicado no dia 4 de abril de 2006:

"Bem-vindo ao meu blog.
Olá pessoal,

Sejam bem-vindos ao meu blog. Estou muito feliz com essa nova ferramenta, afinal, é o primeiro veículo de interação on-line do HSBC. Aqui, vocês poderão trocar ideias comigo e com os colegas de todo o Brasil. A ferramenta funcionará no mesmo formato para a intranet corporativa e para a intranet agências, ou seja, a interação será democrática – todos os colaboradores terão acesso.

---

28 Disponível em: http://aquintaonda.blogspot.com/. Acesso em: 30 de novembro de 2011.
29 Texto fornecido pela Assessoria de Imprensa do HSBC, via e-mail.

A ideia de lançar um blog corporativo surgiu no evento Frente a Frente com o Emilson, que aconteceu em setembro do ano passado. Foram feitas muitas perguntas e eu não gostaria de deixar ninguém sem resposta. Por isso, senti a necessidade de responder aos principais questionamentos em um outro canal. Além disso, já tenho uma página no Orkut e gosto da ideia de ler os comentários e ouvir o que as pessoas pensam. Mas, por ser uma ferramenta pública, atuo de maneira passiva, apenas "ouvindo". No blog do CEO será diferente: poderemos conversar e nos aproximar, afinal, fazemos parte de uma mesma comunidade.
Toda terça-feira à tarde publicarei um novo artigo, sobre temas diversos. Os colaboradores podem ficar à vontade para comentar, questionar e discutir sobre o assunto da semana. Se eu não conseguir responder a todos os comentários, prometo ter, no artigo seguinte, uma mensagem geral sobre os comentários mais frequentes ou polêmicos. Esse espaço é seu! Quero saber o que vocês pensam e discutir assuntos corporativos gerais. Comentem, participem e deem sua opinião.

    Um abraço e uma boa semana de trabalho a todos.
    Emilson Alonso"

Dutto (2005) afirma que a organização necessita transparecer uma atmosfera de confiança e comprometimento para estar apta a estabelecer relacionamentos de valor com seus públicos. Também acredita que são as pessoas, e não os recursos que compõem uma organização, e que as primeiras, por sua vez, são integrantes de redes dinâmicas de conversação que definem, garantem identidade, geram personalidade e fazem com que a empresa se destaque. "As habilidades de comunicação dos membros de uma organização podem definir as chances da organização no mercado, que podem ser vistas como lucro ou missão e visão", finaliza o autor.

À parte das características específicas dos blogs, como agilidade e pessoalidade, eles facilitam e tornam prática a comunicação, têm baixo custo de implementação, adicionam valor às tecnologias associadas (como RSS, entre outras), mas, principalmente, servem aos programas de comunicação interna, na opinião de Dutto (op. cit.).

Como benefícios, o autor destaca:

1. melhoria do espírito participativo, colaborativo, e do aprendizado em equipe, além de promoção do diálogo e da horizontalização das ideias fora da equipe que as criou;
2. integração do diálogo sob uma visão compartilhada;
3. espaço no qual interpretações e diferentes pontos de vista vêm à tona, para que a organização possa debatê-los e discuti-los;
4. excelente meio para que funcionários atinjam uma visão integrada da companhia, unindo-se aos debates em questão;
5. plataforma aberta de comunicação que permite novas formas de relacionamento e ações coordenadas com os membros da organização e, mais tarde, entre a rede de relacionamentos externos;
6. memória escrita da organização;
7. aceleração da transferência e da transformação do conhecimento, que faz com que ideias fluam facilmente e se tornem ações.

Os blogs internos não devem ser vistos como um modismo, mas como meio gerador de um recurso de comunicação interna que afeta a produtividade.

7.3 O que ganha uma empresa ao adotar um blog como instrumento de comunicação?

Pode-se acrescentar como vantagens o aumento da visibilidade da marca (nos rankings de busca, os blogs podem ajudar a empresa a se destacar, por sua atualização constante) e a credibilidade da empresa (por ser porta-voz em seu setor de especialização); a humanidade (um tom pessoal às discussões on-line); e os relacionamentos mais "íntimos" com os públicos, pela possibilidade de comunicação direta permitida.

No entanto, como desvantagens do veículo, segundo Dutto (2005), surgem a falta de interesse (por ser considerado um instrumento informal); a falta de comando e controle; a insistência em imposição de políticas; e a existência de regras rígidas para "blogar".

A essa lista pode-se acrescentar a abertura a comentários e, consequentemente, a vulnerabilidade diante do público interno e externo, em caso de blog externo.

Sifry (*ÉPOCA*, 2006) diz que pequenas empresas também podem se valer do instrumento. Ele menciona o caso da English Cut,[30] uma alfaiataria de Londres que criou um blog com descrição de tecidos e explicações sobre como fazer um bom terno, como identificar uma peça de bom corte, entre outros assuntos, multiplicando suas encomendas.

Ganha-se fluência em um canal informal que encoraja o redesenho dos relacionamentos organizacionais e que gera espaços participativos para se obter resultados e se atingir objetivos.

---

30 Disponível em: www.englishcut.com.

Os blogs internos chamam a atenção por redescobrirem uma linguagem produtiva, a ideia do coletivo, da criação compartilhada e do desenvolvimento da "voz" organizacional.

7.4 Casos reais de blogs corporativos

Antes, a exclusividade de produção de conteúdo era dos grandes veículos de mídia. Hoje, qualquer pessoa com acesso à web pode divulgar conteúdos, ideias, opiniões e se fazer entender. Essa premissa faz com que as organizações estejam vulneráveis diante dos usuários da rede, mas, por outro lado, faz com que comecem a enxergar as ferramentas da internet como alternativas de comunicação bidirecionais.

Para realizar minha pesquisa de campo[31] foram escolhidas organizações pioneiras na adoção dos blogs como estratégia de comunicação. No entanto, algumas empresas, embora primassem pelo blog, sequer responderam à solicitação, apesar de minha identificação como pesquisadora de novas tecnologias e estudante de mestrado (à época). Pode-se supor, com tal postura, que as empresas desperdiçaram a valiosa oportunidade de aumentar sua visibilidade e de conquistar maior credibilidade perante o público acadêmico.

Muito já foi publicado na internet sobre blogs de empresas (blogs corporativos, business blogs, blogs de negócios etc.), e muito resta a ser pesquisado, sobretudo no âmbito acadêmico. É importante afirmar que, definitivamente, eles se tornaram um instrumento consolidado e que ferramentas de mídias sociais,

---

31 A sondagem não delimitou o universo, porém permitiu a formulação de hipóteses e de conceitos.

como Twitter, Facebook, Flickr ou YouTube também ganharam força e destaque. Vale dizer, no entanto, que um blog não se restringe à ferramenta em si, sobressaindo-se pelos atributos que permitem aos usuários a expressão, a opinião, o compartilhamento, a colaboração, a interação etc. Durante a pesquisa, foram levantadas hipóteses sobre a implantação de um blog corporativo por uma organização, conforme apontado a seguir:
- boa parte da comunicação interna das empresas se dá via comunicação digital;
- os veículos de comunicação aproximam a organização de seus públicos; e
- esses veículos são uma importante ferramenta de divulgação institucional.

7.5 Em resumo

A sondagem foi realizada sob a premissa de que os blogs são formas de relacionamento bilateral que permitem uma comunicação de mão dupla entre uma organização e seus mais diversos públicos.

No estudo, empresas privadas de diversos segmentos foram observadas, a fim de se traçar um panorama a respeito da comunicação digital como ferramenta de relacionamento.

Pesquisaram-se oito organizações com blogs corporativos: a Edelman (cujos executivos têm um blog no site institucional dirigido aos *stakeholders*); o HSBC (no qual o presidente mantinha um veículo para comunicação e interação com os funcionários); a Microsoft (com um blog dirigido a uma comunidade específica – técnicos, desenvolvedores, programadores e interessados no tema Open Source – de usuários da internet); a Tecnisa (com públicos visados de funcionários, fornecedores e clientes); a DoceShop (empresa atacadista de doces de Ribeirão Preto, cujo blog é dirigido a pequenos clientes varejistas); a Catho (veículo da empresa de recolocação profissional destinado a clientes e interessados no tema "empregabilidade"); a General Motors (cujo presidente mantém um blog que serve de referência para imprensa, colaboradores e apreciadores de automóveis) e a Sun Microsystems (cujo ex-CEO, Jonathan Schwartz, tinha um blog com características já descritas no blog do vice-presidente da GM, mas com temática dirigida à tecnologia e informática). Vale ressaltar que a GM não constará do Quadro 7.1, uma vez que não obtivemos retorno da empresa.

O blog do presidente do HSBC era voltado ao público interno. Os da Edelman, Microsoft, Tecnisa, DoceShop e Catho, além de destinados aos clientes, dirigiam-se aos interessados nos negócios das empresas e nos temas tratados, sendo, portanto, exemplos de tipo externo. Já o caso do presidente da GM serve tanto para público interno quanto externo. Dessa forma, abarcaram-se os três tipos distintos de blogs corporativos: interno, externo e misto (GM e Sun Microsystems), ampliando-se o universo de pesquisa.

7.6 O estudo realizado – Análise e discussão dos resultados

O quadro a seguir permite traçar os diversos pontos em comum em relação aos blogs corporativos pesquisados.

Características: relacionamento mais direto, pessoal, transparente, informal e imediato.

Razões para "blogar": estabelecimento de um canal direto de comunicação, obtenção de credibilidade maior que a conquistada com a comunicação oficial, alcance de vários públicos, utilização como ferramenta de divulgação e exposição.

Estratégia de comunicação: unanimidade quanto à estratégia de comunicação, com incorporação, portanto, ao planejamento de comunicação da organização.

Por que o blog e não outro instrumento de comunicação?: veículo de mão dupla, como complementação do "mix" de comunicação, com o mesmo poder das outras mídias.

Gestão do blog: do departamento de comunicação, em conjunto com outras áreas (3), somente do departamento de comunicação (1), do próprio diretor ou CEO (3).

Linguagem: informalidade, coloquialidade, assertividade, semelhança com diálogo, espontaneidade do tom utilizado.

Conteúdo: de acordo com o negócio da empresa, provocatividade, com geração de retorno e participação do público-alvo.

Ferramentas de avaliação/mensuração: visitação, publicação de comentários, repercussão, naturalidade de busca.

Futuro dos relacionamentos: crescente participação dos usuários, coexistência com relacionamentos off-line.

Quadro 7.1 – Resumo de entrevistas com empresas que adotam os blogs corporativos.

EDELMAN	Responsável pela resposta à pesquisa	Ronald Mincheff Presidente
	Nome e endereço do blog	www.edelman.com.br/blog.asp
	Características	• Tornar o relacionamento organização-consumidor mais pessoal • Transmitir informações confiáveis por meio de relato pessoal • Aprimorar relacionamento com a mídia • Manter funcionários informados de forma rápida • Testar ideias e produtos • Compartilhar conhecimentos • Ser fonte de informação • Tornar-se fórum para discussão e compartilhamento de informações • Melhorar a reputação da empresa
	Razões para "blogar"	• Mais de 42 milhões de pessoas estão na "blogosfera" • Novo campo de recomendação e crítica para as empresas • O Estudo de Confiança (EDELMAN e INTELISSEK, 2005) revelou que consumidores acreditam mais em pessoas comuns que nas autoridades • Formação de comunidades
	Estratégia de comunicação	Sim

EDELMAN	Por que o blog e não outro instrumento de comunicação?	• Pesquisa detectou que "blogueiros" querem interagir com empresa por meio de diálogo, teste de produto • Pesquisa indicou que "blogueiros" exercem a mesma influência que outras mídias • 63% dos pesquisados afirmaram que confiam mais nos "blogueiros" que nas empresas (26%)
	Departamento de comunicação	Sim, em conjunto com RH e porta-vozes
	Gestão do blog	Departamento de comunicação, RH e porta-vozes da empresa
	Linguagem	Informal, objetiva, relevante, transparente
	Conteúdo	Temas do cotidiano da mídia e da comunicação
	Ferramentas de avaliação/ mensuração	Comentários, links de outros blogs, visitação. São formas de pesquisa informal
	Futuro dos relacionamentos	Participação dos usuários
TECNISA	Responsável pela resposta à pesquisa	**Romeo Busarello** Diretor de Marketing
	Nome e endereço do blog	www.blogtecnisa.com.br
	Características	• Tornar o relacionamento organização--consumidor mais pessoal • Transmitir informações confiáveis por meio de relato pessoal • Aprimorar relacionamento com mídia • Testar ideias e produtos • Compartilhar conhecimentos • Ser fonte de informação • Melhorar reputação da empresa

TECNISA	Razões para "blogar"	• Estabelecimento de um canal de diálogo com os clientes, a comunidade, os acadêmicos, a opinião pública em geral • Aumento do fluxo de visitantes no site • Construção da marca com baixo investimento • Geração de buzz marketing
	Estratégia de comunicação	Sim, complementa os demais canais
	Por que o blog e não outro instrumento de comunicação?	• Agrega valor à marca • Complementa o "mix" da comunicação
	Departamento de comunicação	Sim, por meio do departamento de marketing
	Gestão do blog	Na fase "beta", três pessoas estão envolvidas: diretor de marketing, analista de e-business e gerente de comunicação
	Linguagem	Informal: "linguagem de blog"
	Conteúdo	Temas referentes aos empreendimentos da empresa e de interesse do público-alvo
	Ferramentas de avaliação/mensuração	• Análise do número de impressões que a palavra blog tem via Google • Visitação, comentários e page views
	Futuro dos relacionamentos	Clientes determinarão. Será analógico e digital
DOCESHOP	Responsável pela resposta à pesquisa	**Roberto Machado** Diretor Proprietário
	Nome e endereço do blog	DoceBlog www.doceshop.com.br/blog
	Características	Ser um "instrumento informal e autêntico"

90 | Blogs corporativos

DOCESHOP	**Razões para "blogar"**	• Canal de comunicação de baixo custo para atingir a opinião pública • Fácil implementação e manutenção • Permite relacionamento com atacadistas e varejistas
	Estratégia de comunicação	Não, é uma tática
	Por que o blog e não outro instrumento de comunicação?	• Complementa o "mix" de comunicação • Ajuda o cliente do atacado, pequenas e médias empresas a terem informações úteis para melhorar empreendimentos • Incentiva aparecimento de novos empreendedores
	Departamento de comunicação	Não
	Gestão do blog	Diretor proprietário e gerente administrativo
	Linguagem	Coloquial
	Conteúdo	Ideias sobre marketing, tecnologia, empreendedorismo, produtos, emprego, capital de giro, notícias relevantes para pequenas empresas
	Ferramentas de avaliação/ mensuração	• Comentários feitos • Em breve, Google Analytics e plugins da WordPress
	Futuro dos relacionamentos	Aumento dos contatos com os clientes nos acessos nos posts do blog como resposta aos esforços empreendidos
MICROSOFT	**Responsável pela resposta à pesquisa**	**Roberto Prado** Gerente de Estratégia
	Nome e endereço do blog	Porta 25 http://porta25.technetbrasil.com.br/principal.asp

Blogs corporativos: modismo ou tendência? | 91

MICROSOFT	Características	• Ser um canal direto de interação com clientes • Ser uma ferramenta popular e democrática
	Razões para "blogar"	• Modificar a percepção na comunidade Open Source em relação à empresa • Mostrar os produtos da empresa para essa comunidade • Estimular a comunidade que não visita o site a fazê-lo • Criar "eco" na "blogosfera" e na mídia
	Estratégia de comunicação	Sim
	Por que o blog e não outro instrumento de comunicação?	Público-alvo é adepto a fóruns de discussão e está sempre conectado
	Departamento de comunicação	Sim, diretoria de Marketing e Comunicação em conjunto com a agência e o departamento responsável
	Gestão do blog	Diretoria de Marketing e Comunicação em conjunto com a agência e o departamento responsável
	Linguagem	Técnica, de apelo à comunidade Open Source
	Conteúdo	Temas voltados a desenvolvedores e profissionais relacionados a produtos Open Source e a produtos da empresa
	Ferramentas de avaliação/ mensuração	• Page views • Unique visitors • Qualidade dos comentários • Quantidade de matérias positivas e negativas na mídia
	Futuro dos relacionamentos	Coexistência com relacionamento off-line
CATHO	Responsável pela resposta à pesquisa	**Thalula Begara** Jornalista coordenadora do blog

Blogs corporativos

CATHO	**Nome e endereço do blog**	CathoBlog http://blog.catho.com.br
	Característica	Ser um canal direto e de interação com os clientes
	Razões para "blogar"	• A influência dos blogs no mercado americano chamou a atenção da gerência geral • Ferramenta de divulgação e de contato direto com clientes
	Estratégia de comunicação	Sim
	Por que o blog e não outro instrumento de comunicação?	• Aumento do tráfego nos informativos e no site • Comunicação bilateral que permite feedback mais rápido e simples dos clientes
	Departamento de comunicação	Sim
	Gestão do blog	Cinco jornalistas, sendo quatro do departamento de comunicação
	Linguagem	Coloquial e cotidiana, com o intuito de propiciar entendimento e participação
	Conteúdo	Temas relacionados ao mercado de trabalho, a situações do dia a dia corporativo, a emprego e desemprego e assuntos relacionados
	Ferramentas de avaliação/ mensuração	• Comentários feitos pelos leitores • Contadores, page views • Relatórios semanais e mensais para avaliar os números
	Futuro dos relacionamentos	Maior participação dos clientes e melhoria dos instrumentos existentes

Blogs corporativos: modismo ou tendência?

SUN MICROSYSTEMS	**Responsável pela resposta à pesquisa**	Jonathan Schwartz CEO
	Nome e endereço do blog	Jonathan's Blog http://blogs.sun.com/jonathan
	Características	• Oferecer comunicação de alcance direto • Gerar identidade com a comunidade "blogueira" • Obter o retorno da comunidade • Ter autenticidade e imediatismo no relacionamento com os públicos
	Razões para "blogar"	• Atingir públicos que não atingiria normalmente, e em uma escala global • Atingir empregados, parceiros e clientes ao redor do mundo e discutir sobre negócios, prioridades operacionais, desenvolvimento tecnológico e cultura da empresa
	Estratégia de comunicação	Sim, a comunicação deve ser inerente aos líderes
	Por que o blog e não outro instrumento de comunicação?	É direto, autêntico, imediato, é tão indispensável quanto um e-mail
	Departamento de comunicação	Não. O próprio CEO escreve os comentários
	Gestão do blog	Do próprio CEO
	Linguagem	De negócios
	Conteúdo	Comentários relacionados aos interesses da empresa ou não. Conteúdo corporativo
	Ferramentas de avaliação/mensuração	• Compartilhamento de informações e ideias com os leitores • Links em outros blogs

SUN MICROSYSTEMS	Futuro dos relacionamentos	• Relacionamentos sólidos com base em compartilhamento de conhecimentos, ideias, conectividade, colaboração • Comunicação direta dos CEOs com clientes, parceiros e empregados, por meio de blogs, podcasts, veículos de comunicação de duas mãos
HSBC	Responsável pela resposta à pesquisa	**Inara C. Pinotti** Responsável pelo e-business
	Nome e endereço do blog	Blog do Emilson (endereço interno)
	Características	• Tratar de temas estratégicos e provocativos com o público interno • Ser um veículo de mão dupla que permite comentários dos funcionários
	Razões para "blogar"	CEO sentiu a necessidade de comunicação mais direta com os funcionários em virtude do evento Frente a Frente com Emílson, no qual não conseguia responder às dúvidas dos funcionários em todo o Brasil
	Estratégia de comunicação	Sim, em conjunto com as demais ferramentas de comunicação
	Por que o blog e não outro instrumento de comunicação?	• Por ser um veículo de mão dupla que permite a participação imediata dos funcionários • Por atingir todos os níveis hierárquicos e as regiões, além de integrar todo o país
	Departamento de comunicação	Não
	Gestão do blog	Emílson Alonso, CEO da instituição, com o suporte das áreas de endomarketing (conteúdo) e e-business (ferramenta)
	Linguagem	Direta, rápida, tom espontâneo e direto: "sem rodeios"
	Conteúdo	Temas estratégicos para a corporação, que provoquem reação nos leitores, favorecendo a participação e a interação com o assunto proposto

HSBC	**Ferramentas de avaliação/ mensuração**	Evolução semanal por artigos e comentários
	Futuro dos relacionamentos	–

Quando questionados sobre quais outras ferramentas utilizavam, além do blog, para complementar o "mix" de comunicação, obteve-se a frequência indicada no quadro a seguir:

Quadro 7.2 – Demais ferramentas utilizadas pelas empresas pesquisadas.

OUTROS INSTRUMENTOS QUE UTILIZA	EDELMAN	TECNISA	DOCESHOP	MICROSOFT	CATHO	SUN MICROSYSTEMS	HSBC
Comunicadores instantâneos	x		x	x	x	x	
Contato telefônico	x	x	x	x	x	x	x
E-mail	x	x	x	x	x	x	x
E-mail marketing		x	x	x	x	x	x
Extranet			x	x		x	
Ferramentas colaborativas (Wikipédia ou similar)					x		x	
Internet	x	x	x	x	x	x	x
Intranet	x	x		x	x	x	x
Links patrocinados		x		x			
Mobile Marketing (comunicação pelo celular)					x		
Outros	x	x	x	x	x	x	x (TV corporativa)

OUTROS INSTRUMENTOS QUE UTILIZA	EDELMAN	TECNISA	DOCESHOP	MICROSOFT	CATHO	SUN MICROSYSTEMS	HSBC
Plasmas digitais		x		x			
Podcast	x (não no Brasil)					x	
Publicações digitais	x	x	x	x	x	x	x
Publicações impressas (de todo tipo)		x	x	x			x
Publicidade e propaganda (TV, rádio, outdoor, revistas, jornais etc.)		x	x	x	x	x	x
Salas virtuais		x (sala acadêmica)		x		x	x

Quando questionados sobre quais outras ferramentas, além do blog, utilizavam para complementar o "mix" de comunicação, obtivemos a seguinte frequência.

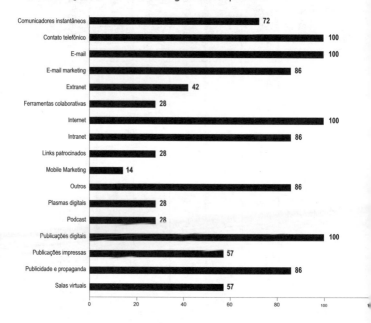

A conclusão a que se chega é a de que os instrumentos de comunicação digital bidirecionais se complementam com os da comunicação tradicional e ambos devem estar previstos em um plano global de comunicação que compreenda não só o ferramental, mas o público-alvo e as mensagens a serem disseminadas.

Capítulo 8

Considerações finais

A mudança está apenas começando. Com as novas tecnologias, viveremos um constante processo de "midiamorfose" (SAAD, 2003, p. 55).

As mídias digitais permitem agilidade nos processos organizacionais e criam oportunidades que podem ser potencializadas e estimuladas no ambiente virtual como alternativa de comunicação e experiência. Todas as ferramentas fazem com que o universo de trocas simbólicas entre indivíduos aumente consideravelmente, aumentando também as possibilidades de interação entre os usuários, dando uma nova lógica às relações na rede.

Vivemos uma mudança histórica no mundo da comunicação: os atores sociais são produtores, consumidores e distribuidores da informação. Chamamos esse fenômeno de usuário-mídia: o usuário ativo da internet que produz, compartilha e endossa conteúdos, imagens, fotos para suas audiências. A tecnologia eletrônica digital e a rápida difusão da internet no mundo são agentes dessa mudança.

Roman (2005, p. 82) crê que a era do individualismo chegou ao fim, dando lugar à capacidade de inovar, resultado de interações coletivas e da articulação das pessoas. Por outro lado, o que se vê nas organizações, segundo o professor Artur Roman, é uma dificuldade de interação comunicativa entre os vários setores. Contrapondo-se a isso, a produtividade da rede marginal de comunicação, que permite a interação e comunicação, é visível: "já se faz hora da incorporação produtiva dessa polifonia nos projetos organizacionais".

As organizações estão gradualmente entendendo o poder da internet e devem, nos próximos meses e anos: aumentar a atenção para os meios digitais, considerando a penetração no público-alvo e a capacidade viral; compreender a multiplicidade e as particularidades de tais meios; contratar especialistas para geri-los; identificar comunidades de interesse para a marca, segmentando-se na web; definir estratégias de participação nas conversações; e, por fim, ajustar as métricas tradicionais aos novos meios e suas realidades.

Seth Godin, consagrado autor de *Marketing de permissão* (Campus/Elsevier, 2008) e *Todo marketeiro é mentiroso* (Campus/Elsevier, 2005), afirma que as grandes empresas concentram esforços no que chama de "marketing de interrupção". Os consumidores são bombardeados por estímulos interruptivos, isto é: na programação do rádio e da televisão, são interrompidos pelos filmes publicitários e *spots*; no marketing direto, por malas diretas, telemarketing e e-mail marketing não solicitados. A internet não inventou a comunicação bidirecional, mas, por meio dos novos instrumentos, foi a primeira mídia a prover amplo acesso ao grande público, o que exige das grandes corporações maior abertura, capacidade de dialogar e participação nas conversas na rede. O "marketing de interrupção" nesse meio é malvisto e pode ser causa de problemas para as empresas que continuarem com essa estratégia única. Caminha-se para a comunicação dirigida e direta, para a qual o boca a boca contribui. Assim, nesse cenário de transparência e velocidade, os blogs são importante ferramenta.

Serão os blogs mais um modismo ou eles se consolidarão como ferramenta de comunicação bidirecional?

Independentemente do instrumento, o fato é que a web alterou os paradigmas de comunicação, exposição, informação e difusão institucionais. Os blogs já não são mais um modismo, pois seus princípios de interatividade, transparência e diálogo constituem tendência na comunicação das empresas e organizações.

Outro ponto que merece reflexão é o poder de expressão e de "barulho" que o cidadão comum adquiriu com a web. Qualquer indivíduo de posse de um computador pessoal ou celular, smartphone ou tablet e acesso à internet pode criar uma página pessoal, iniciar uma comunidade, montar um blog, criar um vídeo e destruir a reputação ou ovacionar qualquer empresa. As organizações, privadas ou públicas, do primeiro, segundo ou terceiro setor, não podem ignorar as manifestações geradas por seus *stakeholders*, portanto, passam a ter importância sites como Facebook, Twitter, Orkut, Yahoo Respostas, MySpace, Flickr, YouTube, entre muitos outros, que congregam enorme quantidade de informação e pesquisa para as empresas.

O desafio dos blogs de negócios, por exemplo, é a conquista desses públicos da empresa de forma amigável, interativa, franca e em igualdade de forças e posições.

E você? Está preparando sua organização para participar desse diálogo coletivo e interativo?

Referências bibliográficas

Livros

CASTELLS, M. *A galáxia da internet*: reflexões sobre a internet, os negócios e a sociedade. Rio de Janeiro: Jorge Zahar, 2003a.

_____. Internet e sociedade em rede. In: MORAES, D. (org.) *Por uma outra comunicação*. Rio de Janeiro: Record, 2003b.

_____. *A sociedade em rede*. A era da informação: economia, sociedade e cultura. Vol. 1. São Paulo: Paz e Terra, 1999.

CIPRIANI, F. *Blog corporativo*. São Paulo: Novatec, 2006.

CORRÊA, E. S. *Estratégias para a mídia digital*. São Paulo: Editora Senac São Paulo, 2003.

COSTA, R. *A cultura digital*. 2. ed. São Paulo: Publifolha, 2003.

FRANÇA, F. *Públicos*: como identificá-los em uma nova visão estratégica. São Caetano do Sul: Yendis, 2004.

GONÇALVES, F. N. Relações públicas e as novas tecnologias: solução ou dilema? In: FREITAS, R. F. e SANTOS, L. L. (orgs.) *Desafios contemporâneos de comunicação*. São Paulo: Summus, 2002.

KUNSCH, M. M. K. Comunicação organizacional no Brasil: panorama histórico e perspectivas. In: LABORATÓRIO INTEGRADO DE MARKETING E CULTURA (org.). *Políticas de comunicação corporativa*. São Paulo: COMARTE, 2005. p. 11-31.

Referências bibliográficas

KUNSCH, M. M. K. *Planejamento de relações públicas na comunicação integrada*. São Paulo: Summus, 2003.

_____. *Relações públicas e modernidade*. São Paulo: Summus, 1997.

LEMOS, A. & PALÁCIOS, M. *As janelas do ciberespaço*. Porto Alegre: Sulina, 2001.

LÉVY, P. *Cibercultura*. São Paulo: Editora 34, 1999.

_____. *As tecnologias da inteligência*. Rio de Janeiro: Editora 34, 1993.

PINHO, J. B. *Comunicação nas organizações*. Viçosa: UFV, 2006.

_____. *Relações públicas na internet*. São Paulo: Summus, 2003.

PINTO, M. J. *Blogs! Seja um editor na era digital*. São Paulo: Érica, 2002.

POLÍTICAS de Comunicação Corporativa. In: LABORATÓRIO INTEGRADO DE MARKETING E CULTURA (org.). São Paulo: COM-ARTE, 2005. 332 p.

PÓVOA, M. *Anatomia da internet*: investigações estratégicas sobre o universo digital. Rio de Janeiro: Casa da Palavra, 2000.

RABAÇA, C. A. e BARBOSA, G. G. *Dicionário de Comunicação*. 2. ed. rev. e atual. Rio de Janeiro: Campus/Elsevier, 2001.

TORQUATO, G. *Tratado de comunicação organizacional*. São Paulo: Pioneira Thomson, 2002.

Teses, dissertações e trabalhos apresentados em congressos

BARBOSA LIMA, A. *Comunicação interpessoal on-line*: um estudo sobre a utilização das redes sociais em ações de comunicação viral. Dissertação (Mestrado em Ciências da Comunicação) ECA-USP. São Paulo, 2004.

JIMÉNEZ, C. *Publicidad en los nuevos "nuevos medios"*: el caso de los blogs. Apresentado no evento Expotrade, em Caracas (Venezuela), em 16 de junho de 2006.

TERRA, C. F. *Usuário-mídia*: a relação entre a comunicação organizacional e o conteúdo gerado pelo internauta nas mídias sociais. Tese (Doutorado em Ciências da Comunicação) ECA-USP. São Paulo, 2011. Disponível em: http://www.teses.usp.br/teses/disponiveis/27/27154/tde-02062011-151144/publico/TESE_CAROL_28_02_11.pdf.

_____. *Comunicação corporativa digital*: o futuro das relações públicas na rede. Dissertação (Mestrado em Ciências da Comunicação) ECA-USP. São Paulo, 2007. Disponível em: www.teses.usp.br/teses/disponiveis/27/27154/.../CarolinaTerra.pdf.

Periódicos

BEIRÃO, N. Informação e voyeurismo – no seu blog ou no meu? Estilo. *Carta Capital*. Ano XII, n. 366, 2005.

BLOG invadiu as empresas. *Exame*. Edição 840, ano 39, n. 7, 13 de abril de 2005, p. 106.

BLOG monitoring: siguiendo a nuestros clientes y sus marcas en la blogosfera. Buenos Aires: Edelman University, em 24 de fevereiro de 2006.

BLOGS conquistam respeito nos negócios. Disponível em: http://www.valoronline.com.br/veconomico/caderno/?show=index&n=&mat=3560904&edicao=1297. Acesso em: 4 de março de 2006.

BLOGS se transformam em cartas de demissão. *O Estado de S. Paulo*. Disponível em: http://txt.estadao.com.br/editorias/2006/04/12/eco89365.xml?. Acesso em: 20 de abril de 2006.

CAMARGO, T. "Blogosfera" e as novas tecnologias. *Revista Negócios da Comunicação.* Ano III, n.15, 2005.

CORRÊA, E. S. Comunicação digital: uma questão de estratégia e de relacionamento com públicos. In: ORGANICOM. *Revista Brasileira de Comunicação Organizacional e Relações Públicas.* Ano 2, n. 3, 2º semestre 2005.

ÉPOCA. Entrevista: o especialista em blogs David Sifry diz que cada um de nós vai ter um blog. Edição 407, de 6 de março de 2006. p.148

GUIMARÃES, C. Os blogs vão mudar seus negócios. *Exame*, Edição 860, Ano 40, 01/2/2006a. p.18-25.

_____. Pequenas e médias ainda não planejam uso da internet. *Exame*, 06/5/2006b.

GUIMARÃES, C. O blog que mudou a Microsoft. Disponível em: http://portalexame.abril.com.br/edicoes/860/tecnologia/conteudo_115319.shtml. Acesso em: 26 de janeiro de 2006c.

_____. Entramos na era da participação. Disponível em: http://portalexame.abril.com.br/tecnologia/conteudo_115581.shtml. Acesso em: 26 de janeiro de 2006d.

_____. Navegue pelos blogs citados na reportagem da *Exame*. Disponível em: 146 http://portalexame.abril.com.br/tecnologia/conteudo_115600.shtml. Acesso em: 26 de janeiro de 2006e.

_____. Tetra Pak faz blog para jovens. Disponível em: http://portalexame.abril.com.br/tecnologia/conteudo_115604.shtml. Acesso em: 26 de janeiro de 2006f.

_____. Pampers testa blog de relacionamento. Disponível em: http://portalexame.abril.com.br/tecnologia/conteudo_115602.shtml. Acesso em: 26 de janeiro de 2006.

MARTHE, M. Blog é coisa séria. *Veja*. Edição 1907, de 1º de junho de 2005.

MATTOS, S. Multimídia: uma nova revolução da informação. In: MORAES, W. Impacto profundo na comunicação – Blogs, mensagens via celular, Orkut e Messenger mudam a relação entre agências, clientes e público. *Meio e Mensagem*. Ano XXVII, n.1182, de 31 de outubro de 2005.

ORGANICOM. *Revista Brasileira de Comunicação Organizacional e Relações Públicas*. Ano 2, n.3, 2º semestre 2005.

ORIHUELA, J. L. Weblogs na empresa: um guia para começar. In: ORGANICOM. *Revista Brasileira de Comunicação Organizacional e Relações Públicas*. Ano 2, n.3, 2º semestre 2005.

PIMENTA, Â. Faça do blog um aliado. *Exame*, edição 847, ano 39, número 14, de 20 de julho de 2005. p. 116.

REGO, W. D. L. Democracia e Informação. Carta Aberta. *Carta Capital*. Ano XII, n.366, de 8 de outubro de 2005. p. 36.

ROMAN, A. O e-mail nas organizações: reconstrução da sociabilidade perdida. In: ORGANICOM. *Revista Brasileira de Comunicação Organizacional e Relações Públicas*. Ano 2, n.3, 2º semestre 2005.

TERRA, C. F. (2006a). Blogs corporativos como estratégia de comunicação. *RP em Revista*. Número 1. Julho de 2006. Disponível em: http://www.rpbahia.com.br/revista/blogs_corporativos_como_estrategia_de_comunicacao.pdf. Acesso em: 31 de julho de 2006.

TERRA, C. F. (2006b) (2006b) As relações públicas e as novas tecnologias da informação e da comunicação. *Revista Caligrama*. Número 1. Volume 2. Maio-agosto de 2005. Disponível em: http://www.eca.usp.br/caligrama/n_2/9%20CarolinaTerra.pdf. Acesso em: 31 jul 2006.

Web

BARBOSA LIMA, A. Blogs: um desafio para a imagem das empresas. Disponível em: http://periodicos.anhembi.br/arquivos/trabalhos/164311.pdf, de 27/01/05. Acesso em: 19 de julho de 2005.

BARBOSA LIMA, A. Blogmarketing: o que é e como usar. São Paulo, 2003. Disponível em: http://informatica.terra.com.br/interna/0,,OI126208-EI1684,00.html. Acesso em: 18 de novembro de 2005.

BEGARA, T. Blogs invadem o mundo corporativo. *Jornal Carreira e Sucesso*. 296. edição. Disponível em: http://www.catho.com.br/jcs/inputer_view.phtml?id=7920&print=1. Acesso em: 8 de maio de 2006.

BLOG do CEO. Disponível em: http://www1.folha.uol.com.br/fsp/dinheiro/fi1404200601.htm. Acesso em: 20 de abril de 2006.

CAVALCANTI, M. L. Weblog cresce como fonte noticiosa. Disponível em: http://www.comuniquese.com.br/index.asp?p=Conteudo/NewsShow.asp&p2=idnot%3D24455%26Editoria%3D135%26Op2%3D1%26Op3%3D0%26pid%3D5520935809%26fnt%3Dfntn. Acesso em: 20 de outubro de 2005.

CGM Overview. Nielsen Buzzmetrics. Disponível em: http://www.nielsenbuzzmetrics.com/formats. Acesso em: 24 de outubro de 2006.

COMCOWICH, W. J. Vlogs (Video Blogs). The next big thing on the Internet. Disponível em: http://www.cyberalert.com/vlogs.html. Acesso em: 13 de maio de 2005.

Consumer-generated Media. Wikipédia (português). Disponível em: http://en.wikipedia.org/wiki/Consumer-generated_media. Acesso em: 24 de outubro de 2006.

COSTA, L. M. A hipótese da interatividade total. Disponível em: www.observatoriodaimprensa.com.br, edição 337, de 12/07/05. Acesso em: 18 de julho de 2005.

CRITICADA, Dell muda postura relativamente aos blogs. Disponível em: htt://www.bluebus.com.br/show.php?p=2&id=63312. Acesso em: 23 de agosto de 2005.

CRUZ, R. (2006a). A cada segundo, surge um novo blog. Disponível em: http://www.estado.com.br/editorias/2006/03/05/eco53046.xml. Acesso em: 5 de março de 2006.

_____. (2006b). A internet e os meios de comunicação. Disponível em: http://renatocruz.blogspot.com/2006/04/internet-e-os-meios--decomunicao.html. Acesso em: 1º de maio de 2006.

DUTTO, M. F. Internal blogs: how to design powerful conversations that open possibilities for action and collaboration within blogs. Disponível em: http://globalprweek.com/2005/08/19/dutto-internal-blogs/. Acesso em: 18 de maio de 2006.

EDELMAN and INTELISEEK (2005a). Trust "Media": why the average person is finally getting heard. Disponível em: http://www.edelman.com.br/clientes/pesquisas/Blog%20na%20academia.pdf. Acesso em: 13 de julho de 2006.

_____. (2005b). Blogging from the inside out: the rise and effective management of employee bloggers. Disponível em: http://www.edelman.com.br/clientes/pesquisas/blog%20na%20academia%20-%20second.pdf. Acesso em: 13 de julho de 2006.

Referências bibliográficas

Eleven types of company that need a blog. Disponível em: http://bigblogcompany.net/pops/pop_three.htm. Acesso em: 18 de maio de 2006.

Estudo traça panorama do marketing digital nas empresas brasileiras. Site TI Inside. 06/10/2006. Disponível em: http://www.tiinside.com.br/filtro.asp?C=265&ID=67188. Acesso em: 16 de outubro de 2006.

FERREIRA, R. SMS: o e-mail do futuro. Disponível em: http://www.mobileinfoSMS.com/infonews/lernoticia/aspx?NewsCodi=7. Acesso em: 1º de agosto de 2005.

HURLBERT, W. Blog Business World. Disponível em: http://blogbusinessworld.blogspot.com/2004/10/blogs-and-publicrelations. html (07/10/04). Acesso em: 28 de maio de 2006.

IBM está incentivando seus funcionários a serem blogueiros. Disponível em: http://www.bluebus.com.br/show.php?p=1&id=65111. Acesso em: 11 de novembro de 2005.

MÜLLER, P. Blogs corporativos. Disponível em: http://www.basics..com.br/interna.asp?sec=artigosBlogs. Acesso em: 24 de abril de 2006.

O'REILLY, T. What is web 2.0. Disponível em: http://www.oreillynet.com/pub/a/oreilly/tim/news/2005/09/30/what-isweb-20.html. 30/9/2005. Acesso em: 23 de outubro de 2006.

SILVEIRA, S. A. Raitéqui. Redes virais: informação que pega no ar. *Revista Eletrônica A Rede*. Edição n.13. Abril de 2006. Disponível em: http://www.arede.inf.br/index.php?option=com_content&task=view&id=523&Itemid=99. Acesso em: 24 de outubro de 2006.

SOARES, E. Internautas criam diariamente 80 mil blogs. Plantão Info. Disponível em: http://info.abril.com.br/ferramentas/print.php. Acesso em: 3 de agosto de 2005.

TAYLOR, D. Fake blogs: new marketing channel or really bad Idea? Disponível em: http://www.globalprblogweek.com/2005/09/19/taylor-fakeblogs/. Acesso em: 18 de maio de 2006.

WEB 2.0. Disponível em: http://pt.wikipedia.org/wiki/Web_2.0. Acesso em: 24 de outubro de 2006.

Impressão

Sermograf Artes Gráficas e Editora Ltda.
Rua São Sebastião, 199
Petrópolis, RJ
Março de 2012